Polyglott-Reiseführer

Polen

Sabine Herbener
Reiner Elwers

W0109729

Polyglott-Verlag München

Langenscheidt Mini-Dolmetscher

Allgemeines

Guten Morgen	Dzień Dobry [dschjen‿**do**brih]
Guten Abend	Dobry Wieczór [**do**brih‿**wje**tschur]
Hallo!	Cześć! [tscheschtsch]
Wie geht's?	Co słychać? [zo‿**swi**chatsch]
Danke, gut.	Dziękuję, dobrze. [dschiē**ku**jē do~~bsehe~~]
Ich heiße ...	Nazywam się ... [na**si**wam‿schjē]
Auf Wieder-sehen.	Do widzenia. [do‿**wi**den̄ja]
Morgen	rano [**ra**no]
Nachmittag	popołudniu [popo**wud**niu]
Abend	wieczór [**wje**tschur]
Nacht	noc [noz]
morgen	jutro [**ju**tro]
heute	dzisiaj [**dschi**schaj]
gestern	wczoraj [**ftscho**raj]
Sprechen Sie Deutsch / Eng-lisch?	Czy pan (m.) / pani (w.) mówi po niemiecku / angielsku? [tschih‿pan / pani **mu**wi po nje**mje**zku / an**gjel**sku]
Wie bitte?	Słucham? [**ßwu**cham]
Ich verstehe nicht.	Nie rozumiem. [nje‿ro**su**mjem]
Sagen Sie es bitte noch einmal.	Proszę powtórzyć jeszcze raz. [**pro**schē pof**tu**~~seh~~ihtsch **jesch**tsche ras]
..., bitte.	..., proszę. [**pro**schē]
Danke.	Dziękuję. [dschiē**ku**jnē]
Keine Ursache.	Nie ma za co. [nje‿ma‿sa‿zo]
was / wer / welcher	co / kto / jaki [zo / kto / **ja**ki]
wo / wohin	gdzie / dokąd [**gdschje** / **do**kād]
wie / wieviel	jak / ile [jak / **ile**]
wann / wie lange	kiedy / jak długo [**kje**dih / jak **dwu**go]
Wie heißt das?	Jak to się nazywa? [jak‿to‿schjē‿na**si**wa]
Wo ist ...?	Gdzie jest ...? [**gdschje** jest]
Können Sie mir helfen?	Czy może mi pan (m.) / pani (w.) pomóc? [tschih **mo**~~seh~~e mi pan / pani **po**muz]
ja	tak [tak]
nein	nie [nje]
Entschuldigen Sie.	Przepraszam. [psche**pra**scham]
Das macht nichts.	Nie skodzi. [nje‿**schko**dschi]

Sightseeing

Gibt es hier eine Touristen-information?	Czy jest tutaj informacja turystyczna? [tschih jest **tu**taj infor-**maz**ja turihs**tih**tsch̄na]
Haben Sie ei-nen Stadtplan / ein Hotelver-zeichnis?	Czy ma pan (m.) / pani (w.) plan miasta / spis hoteli? [tschih‿ma‿pan / **pa**ni plan **mias**ta / spis ho**te**li]
Wann ist ... geöffnet / geschlossen?	Kiedy ... jest otwarty / zamknięty? [**kje**dih ... jest ot**far**tih / sam**knjē**tih]
das Museum	muzeum [**mu**seum]
die Kirche	kościół [**kosch**tschuw]
die Ausstellung	wystawa [wih**sta**wa]

Shopping

Wo gibt es ...?	Gdzie można kupić ...? [gdschje **mose**h̄na **ku**pitsch]
Wieviel kostet das?	Ile kosztuje? [ile kosch**tu**je]
Das ist zu teuer.	To jest za drogie. [to jest sa‿**dro**gje]
Das gefällt mir (nicht).	(Nie) podoba mi się. [(nje) po**do**ba mi‿schjē]
Gibt es das in einer anderen Farbe / Größe?	Czy jest to w innym kolorze/ rozmiarze? [tschih jest to w in·**nih**m ko~~lose~~h̄e/ ros**miase~~h~~e]
Ich nehme es.	Ja to wezmę. [ja‿to‿**wes**mē]
Wo ist eine Bank?	Gdzie jest bank? [gdschje‿jest‿bank]
Geben Sie mir 100 g Käse / zwei Kilo Oran-gen.	Proszę o sto gramów sera żółtego / dwa kilo pomarańczy. [**pro**schē‿o‿sto‿**gra**muf ßera żó**hu**w**te**go / dwa **ki**lo poma**rant**schih]
Haben Sie deutsche Zei-tungen?	Czy ma pan (m.) / pani (w.) niemiecką gazetę? [tschih‿ma‿pan / **pa**ni nje**mjez**kā ga**se**tē]
Wo kann ich telefonieren / eine Telefon-karte kaufen?	Gdzie mogę zatele-fonować / kupić kartę telefoniczną? [gdschje **mo**gē satele-fo**no**watsch / **ku**pitsch **kar**tē telefo**nitsch**nā]

Notfälle

Ich brauche einen Arzt / Zahnarzt.	Potrzebuję lekarza / den-tysty. [pot~~sehe~~**bu**jē le~~kaseh~~a / den**tih**stih]

Rufen Sie bitte einen Kranken-wagen / die Polizei.	Proszę wezwać pogotowie ratunkowe / policję. [**prosche weswatsch pogotowje ratunkowe / polizjē**]
Wir hatten einen Unfall.	Mieliśmy wypadek. [**mjelischmih wihpadek**]
Wo ist das nächste Polizeirevier?	Gdzie jest najbliższy komisariat policji? [**gdschje jest najblisch-schih komisariat polizji**]
Ich bin bestohlen worden.	Zostałem okradziony. [**sostawem okradschionih**]
Mein Auto ist aufgebrochen worden.	Włamano się do mojego samochodu. [**wwamano schjē do mojego ßamochodu**]

Essen und Trinken

Die Speise-karte, bitte.	Proszę o jadłospis. [**proschē o_jadwospis**]
Brot	chleb [chlep]
Kaffee	kawa [**kawa**]
Tee	herbata [cherbata]
mit Milch / Zucker	z mlekiem / cukrem [s_**mle**kjem / **zu**krem]
Orangensaft	sok pomarańczowy [sok_pomaran**tscho**wih]
Mehr Kaffee, bitte.	Proszę o więcej kawy. [**pro**schē_o_**wjē**zej_**ka**wih]
Suppe	zupa [**su**pa]
Fisch / Meeres-früchte	ryba / frutti di mare [**rih**ba / **fru**ti_di_**ma**re]
Fleisch / Geflü-gel	mięso / drób [**mjē**so / drub]
Beilage(n)	dodatki [do**dat**ki]
vegetarische Gerichte	potrawy wegetariańskie [po**tra**wih wegetar**jan**-skje]
Eier	jaja [**ja**ja]
Salat	sałata [ßa**wa**ta]
Dessert	deser [**de**ßer]
Obst	owoce [o**wo**ze]
Eis	lody [**lo**dih]
Wein	wino [**wi**no]
weiß / rot / rosé	białe / czerwone / różowe [**bia**we / tscher**wo**ne / ru**scho**we]
Bier	piwo [**pi**wo]
Aperitif	aperitif [ape**ri**tif]
Wasser	woda [**wo**da]
Mineralwasser	woda mineralna [**wo**da mine**ral**na]
mit / ohne Kohlensäure	gazowana / nie gazowa-na [gaso**wa**na / nje_gaso-**wa**na]
Limonade	oranżada [oran**scha**da]
Frühstück	śniadanie [schnja**da**nje]
Mittagessen	obiad [**o**biad]
Abendessen	kolacja [ko**la**zja]

| Ich möchte bezahlen. | Chciałbym zapłacić. [cht-**schau**bim sa**pwa**tschitsch] |
| Es war sehr gut / nicht so gut. | (Nie) bardzo mi smakowało. [(nje) **bar**dso_mi ßmako**wa**wo] |

Im Hotel

Ich suche ein gutes / nicht zu teures Hotel.	Szukam dobrego / nie za drogiego hotelu. [**schu**kam do**bre**go / nje sa dro**gje**go ho**te**lu]
Ich habe ein Zimmer reser-viert.	Zarezerwowałem tutaj pokój. [sareserwo**wa**wem **tu**taj **po**kuj]
Ich suche ein Zimmer für ... Personen.	Szukam pokoju dla ... osób. [**schu**kam po**ko**ju dla ... **o**sup]
Mit Dusche und Toilette.	Z prysznicem i toaletą. [s_**pri**hschnizem i toa**le**tã]
Mit Balkon.	Z balkonem. [s_bal**ko**nem]
Mit Blick aufs Meer / Blick auf den See.	Z widokiem na morze / z widokiem na jezioro. [s_wi**do**kjem na **mo**she / s_wi**do**kjem na je**se**hioro]
Wieviel kostet das Zimmer pro Nacht?	Ile kosztuje pokój na dobę? [**i**le koscht**u**je **po**kuj na **do**bē]
Mit Frühstück?	Ze śniadaniem? [se_schnia**da**njem]
Kann ich das Zimmer sehen?	Czy mogę obejrzeć pokój? [tschih mo**gē** o**bej**sehetsch **po**kuj]
Haben Sie ein anderes Zim-mer?	Czy ma pan (m.) / pani (w.) inny pokój? [tschih ma pan / **pa**ni in·nih **po**kuj]
Das Zimmer gefällt mir (nicht).	Ten pokój mi się (nie) podoba. [ten **po**kuj mi schjē (nje) po**do**ba]
Kann ich mit Kreditkarte bezahlen?	Czy mogę zapłacić kartą kredytową? [tschih mo**gē** sa**pwa**tschitsch **kar**tã kredih**to**wã]
Wo kann ich parken?	Gdzie mogę zaparkować? [gdschje mo**gē** sapar**ko**watsch]
Können Sie das Gepäck in mein Zimmer brin-gen?	Czy może pan / pani przy-nieść bagaż do pokoju? [tschih mo**she** mi pan / **pa**ni pschihn**jesch**tsch **ba**gasch do po**ko**ju]
Haben Sie einen Platz für ein Zelt / einen Wohnwagen?	Czy jest miejsce na namiot / przyczepę kem-pingową? [tschih jest **mjej**sze na **na**miot / pschih**tsche**pē kempin**go**wã]
Wir brauchen Strom / Was-ser.	Potrzebujemy prądu / wody. [potsche**bu**jemih **prã**du / **wo**dih]

Allgemeines

Städtebeschreibungen

Warszawa (Warschau) – Phönix aus der Asche   S. 26

Die polnische Hauptstadt auf dem Weg ins dritte Jahrtausend – im Gepäck die
Erinnerungen aus sieben Jahrhunderten.

Kraków (Krakau) – Die wahre Hauptstadt Polens?   S. 36

Künstler und Intellektuelle verleihen dem architekturhistorischen Juwel sein
einzigartiges Flair.

Gdańsk (Danzig) – Vom deutschen Orden zur Solidarność   S. 44

Im Schatten des Krantores wartet eine vorbildlich wiedererrichtete Altstadt auf
den Besucher – und Dutzende von Bernsteinhändler auf Käufer.

Reiserouten

Route 1

**Steilküste und Wanderdünen:
entlang der Ostseeküste**   S. 50

Zu den Naturschönheiten des polnischen Nor-
dens: Zwischen Stettin und Danzig erstreckt
sich mehr als nur Strand.

Route 2

Dreitausend Seen und unzählige Störche S. 56

Masuren, die „grüne Lunge" Polens, ist ein
Paradies für Angler, Wanderer, Radfahrer und
Wassersportler. Und unterwegs können Sie die
trutzige Marienburg bestaunen.

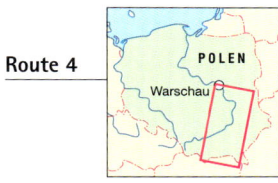
Bildnachweis

Alle Fotos APA Publications/Jerry Dennis außer Archiv für Kunst und Geschichte, Berlin: 15/1-2, 17/1. Elisabeth Galikowski: 17/2, 21/3, 43/1, 59/1. Jo Scholten: 7/1, 9/1, 81/1, 83/1-2, 85/1. Klaus Thiele: 6, 7/2, 23/1, 45/1, 49/1. Tomasz Torbus: 1, 11/1, 23/3, 63/2, 65/1-2, 69, 77, 79/1, Umschlag hinten (Bild 1). Umschlag: Klaus Thiele (Bild), Bernd Ducke/Superbild (Flagge).

Editorial

Eines der vielen Schlösser in Polen

Unberührte Naturschönheiten und alte Kulturdenkmäler locken in den letzten Jahren immer mehr deutsche Touristen ins Nachbarland Polen. Von einsamen Sandstränden bis zu den alpinen Gipfeln reicht das Angebot für den Naturliebhaber. In zahlreichen Nationalparks wurden ebenso einzigartige wie ursprüngliche Landschaften bewahrt; zudem bieten sie vielen seltenen Tierarten eine letzte Zuflucht. Für Aktivurlauber ist Polen ein Paradies: Ob als Wanderer – zu Fuß, mit dem Fahrrad oder dem Kanu –, als Bergsteiger oder Skiläufer: die landschaftliche Schönheit erschließt sich am besten auf die sanfte Tour.

Polen ist für naturverbundene Urlauber ein Paradies

Ebenso liebevoll wie meisterhaft restaurierte Altstadtviertel begeistern nicht nur Studienreisende. Danzig, Krakau und Warschau wetteifern darum, dem Besucher die prächtigste Altstadt zu präsentieren. Und die Einwohner füllen die historischen Gemäuer mit einem besonderen Flair. Denn jede Reise ist natürlich immer auch eine Begegnung mit Menschen: Gastfreundschaft ist in Polen Tradition und hat einen hohen Stellenwert.

An der Ostseeküste

Durch den marktwirtschaftlichen Neuanfang der letzten Jahre hat sich auch auf dem Gebiet des Tourismus vieles positiv verändert: Allerorten beweisen kleine Privatrestaurants und Zimmervermieter, daß man sich um Gäste bemüht. Sicher, alles hat noch nicht das vielbeschworene Westniveau erreicht, doch mit ein bißchen Geduld und Toleranz läßt sich fast jede Situation meistern.

Wer sich auf Polen einläßt, wird ein Land kennenlernen, in dem manches vertraut, vieles fremd und überraschend erscheint – faszinierend ist es allemal.

Die Autoren

Sabine Herbener studierte Germanistik und Theaterwissenschaften in Berlin. Zahlreiche Polenbesuche begeisterten sie für polnische Kultur und Geschichte.

Reiner Elwers studierte Publizistik in Berlin und arbeitet heute als Reisejournalist und Buchautor.

Ein Land voller Kontraste

Lage und Landschaft

Polen liegt viele hundert Kilometer westlich des geographischen Zentrums Europas, das sich in Litauen befindet. Das heutige Staatsgebiet reicht von der Ostsee im Norden bis zu den Karpaten im Süden, vom Bug im Osten bis zur Oder im Westen und erstreckt sich über 312 683 km². Damit ist Polen flächenmäßig etwas kleiner als Deutschland. Polen hat Grenzen mit Deutschland, der Tschechischen Republik, der Slowakischen Republik, der Ukraine, Weißrussland, Litauen und mit der Russischen Föderation (Kaliningrader Gebiet); die Länge der Staatsgrenze beträgt exakt 3538 km.

Das Land ist vorwiegend flach, zwei Drittel liegen nicht höher als 200 m ü. d. M. Die Seenplatten im Norden sind das Erbe eiszeitlicher Gletscher. Das sich anschließende mittelpolnische Tiefland ist stark landwirtschaftlich geprägt und geht im Süden in Hochebenen über, die Reste eines uralten, im Laufe der Jahrmillionen abgeschliffenen Gebirgsmassivs sind. Durch das Karpatengebirge sowie die Sudeten wird Polen im Süden abgeschlossen. In der Hohen Tatra, einem Bergkamm der Karpaten, erhebt sich der Rysy, der mit 2499 m der höchste Gipfel des Landes ist.

Klima und Reisezeit

Das polnische Klima wird von den Meteorologen als „gemäßigt" eingestuft. Das Land liegt in einer Übergangszone zwischen dem ozeanischen Klima Westeuropas und dem Kontinentalklima Osteuropas, was zu starken Klimaschwankungen führt.

Der Frühling ist meist sonnig und warm, doch können bis in den Mai hinein heftige Nachtfröste auftreten. Der Sommer von Juni bis August lässt die Tagestemperaturen nicht selten bis auf 30 °C ansteigen; der meiste Regen geht dann in den Bergen nieder, oft verbunden mit Gewittern. An der Ostseeküste bleibt es hingegen überwiegend heiter und trocken. Im Frühherbst ist es meist sonnig und trocken. Daher gilt der Herbst – vor allem im Bergland – als besonders reizvolle Jahreszeit. Der Winter schließlich ist im größten Teil Polens nicht besonders streng. Selten sinken die Tagestemperaturen unter – 10 °C. Eine Ausnahme bildet lediglich der Nordosten des Landes, wo es auch über längere Zeit empfindlich kalt werden kann. Im Ostteil Polens und im Gebirge fällt reichlich Schnee und sorgt für gute Wintersportmöglichkeiten.

Natur und Umwelt

Fast ein Drittel Polens ist von Wäldern bedeckt; vor allem wachsen Kiefern-, Fichten- und Mischwälder. Botaniker haben tausende von Pflanzenarten katalogisiert – darunter über 1200 Flechten und fast 1500 höhere Pilzarten –, dennoch gilt ihnen das Land als eher artenarm. Im Frühling verwandeln sich Wiesen und Felder in ein einziges Blütenmeer.

Bei einer Fahrt durch Masuren fallen dem Reisenden die vielen Störche auf, die hier auf bald jedem Hausgiebel und Kirchturm ihre großen Nester bauen und zur Paarungszeit die Dörfer mit

Lebensraum Wald

Die polnischen Wälder bieten Lebensraum für zahlreiche Tierarten, von denen viele in Deutschland bereits ausgestorben sind, wie z. B. Braunbären, Elche und Wölfe (letztere wandern in jüngster Zeit aus Polen nach Deutschland ein).

lautem Geklapper erfüllen. Überhaupt ist Polen für Vogelfreunde ein Paradies. Der Biebrzański-Nationalpark im nordöstlichen Polen, ein riesiges, zusammenhängendes Sumpfgebiet, ist zu einem Traumziel für Ornithologen aus der ganzen Welt avanciert. Auch für „Normaltouristen" erreichbar ist der Woliński-Nationalpark an der Ostseeküste, in dem selbst Amateure einen der vom Aussterben bedrohten europäischen Seeadler beobachten können. Der Białowieski-Nationalpark an der weißrussischen Grenze ist ein geschützter, undurchdringlicher Urwald, in dem die letzten europäischen Wisente ihre Heimat haben.

Auch wenn Polen zu Recht ein beliebtes Ziel von Naturfreunden ist, zeigt sich doch in vielen Regionen des Landes, wie sehr auch hier die Umweltzerstörung Raum gegriffen hat. Der schlimmste Fluch ist die Stein- und Braunkohle, wichtigste Energieträger des Landes.

Am deutlichsten zeigen sich die verheerenden Folgen im oberschlesischen Industrierevier, Polens industriellem Herzen. Das Zerstörungswerk ist immens: Der saure Regen frisst nicht nur Bäume und Bauwerke, inzwischen müssen auch die Menschen einen hohen gesundheitlichen Preis für die Versäumnisse in der Umweltpolitik zahlen. Es häufen sich Erkrankungen der Atemwege, Krebsfälle und Missbildungen bei Neugeborenen. In Oberschlesien liegt die Lebenserwartung deutlich unter dem Landesdurchschnitt.

Auch das Wasser ist zu einem Opfer des Raubbaus an der Natur geworden. So ist die Weichsel heute einer der am stärksten belasteten Ströme Europas.

Während in den alten Zeiten des Sozialismus Umweltprobleme unter den Teppich gekehrt wurden, ist der Schutz der Natur heute zu einem echten Anliegen der Bevölkerung geworden und steht in den Programmen der Politiker, so dass berechtigte Hoffnung auf ein Umdenken in der Umweltpolitik besteht.

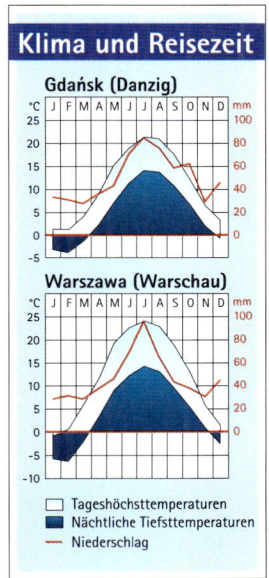

Klima und Reisezeit

Gdańsk (Danzig)

Warszawa (Warschau)

☐ Tageshöchsttemperaturen
■ Nächtliche Tiefsttemperaturen
— Niederschlag

Blick über die Oder bei Krosno in Schlesien

Bevölkerung

In Polen leben heute 38,5 Mio. Menschen, fast ausschließlich Polen. Was auf den ersten Blick als Selbstverständlichkeit erscheinen mag, ist in der tausendjährigen Geschichte des Landes eher ein Ausnahmezustand. Während vieler Jahrhunderte war Polen ein Vielvölkerstaat, in dem neben den Polen Russen, Weißrussen, Ukrainer, Slowaken, Letten, Litauer und Juden ihre Heimat hatten. Auch viele Deutsche, vor allem Preußen und Schlesier, lebten im polnischen Königreich. Erst als Ergebnis des Zweiten Weltkriegs entstand ein einheitlich polnischer Nationalstaat – ein schmerzlicher Prozess, sowohl für die vielen Deutschen, die aus ihrer Heimat vertrieben wurden, als auch für die polnischen Bewohner großer Gebiete des ehemaligen Ostpolens, denen Stalin dasselbe Schicksal bereitete. Das Staatsgebiet wurde nach Stalins Willen weit von Osten nach Westen verschoben. Vielen Deutschen ist bis heute nicht bewusst, dass auch unzählige Polen ihre Heimat verlassen mussten. Das Verhältnis zu den wenigen Mitgliedern nationaler Minderheiten wie Ukrainern, Weißrussen, vor allem aber Deutschen, die vorwiegend die dörfliche Bevölkerung um Opole (Oppeln) ausmachen, hat sich, seit die polnischen Staatsgrenzen von allen Seiten als unverrückbar anerkannt sind, in den letzten Jahren deutlich verbessert.

Religion

Die katholische Kirche nimmt Einfluss auf alle Bereiche des täglichen Lebens. Westeuropäische Reisende sind immer wieder erstaunt, mit welcher Intensität die Polen ihrem Glauben Ausdruck verleihen. Die Stellung der Kirche lässt sich jedoch nicht einfach mit einer „natürlichen Religiosität" des polnischen Volkes erklären. Sie ist nur vor dem Hintergrund der geschichtlichen Entwicklung des Landes zu verstehen. Oft genug musste die Kirche die Rolle des Staates mit übernehmen und das nicht nur in den Phasen, als ein polnischer Staat gar nicht existierte. Das besondere Selbstverständnis der polnischen Kirche, das sich daraus ergab, musste nach dem Zweiten Weltkrieg zwangsläufig heftig mit der atheistisch-sozialistischen Staatsführung kollidieren. Diese Auseinandersetzung war einer der Gründe, die zum Niedergang des Systems führten.

Heute allerdings, da die Kirche sich keinem Gegner mehr gegenübersieht, dem sie gemeinsam mit dem Volk entgegentreten kann, hat sich auch ihre gesellschaftliche Bedeutung gewandelt. Viele praktizierende gläubige Katholiken reagieren inzwischen eher gereizt auf die ständige Einmischung der Kirche in die Politik – besonders augenfällig ist dies in Moralfragen. So war z. B. in der Diskussion um ein neues restriktiveres Abtreibungsgesetz der Druck der Institution Kirche auf die Parteien unverkennbar. All das aber hat der volkstümlichen Frömmigkeit, bei der es sich um eine traditionelle Ausdrucksform des kulturellen, nationalen und sozialen Lebens handelt, kaum Abbruch getan.

Tradition und Brauchtum

Obwohl stark religiös geprägt stammen die meisten Osterbräuche aus alten heidnischen Zeiten. Schon einige Tage vor Ostern liegt eine Festtagsstimmung über dem ganzen Land. Marktbuden bieten bemalte Ostereier, Lämm-

Johannisnacht

In der Johannisnacht (21. 6.) werden nach Einbruch der Dunkelheit Kränze mit einer brennenden Kerze, die sogenannten *wianki*, auf Flüsse und Seen gesetzt. Volksfeste, Tanzvergnügen, Bootsparaden und Feuerwerke sorgen für die richtige Festtagsstimmung.

chen aus Zucker, bündelweise Immergrün und Weidenkätzchen an. Am Palmsonntag dann werden nach christlicher Sitte die Palmzweige geweiht; die Feier des Einzugs Christi nach Jerusalem bildet in vielen Städten den Höhepunkt des Tages.

In Kalwaria Zebrzydowska bei Krakau findet die berühmteste Palmsonntagsprozession statt.

Den ungewöhnlichsten und farbenprächtigsten Teil der Osterbräuche bilden die Paraden und Tänze der Grabwachen Christi.

Am Ostermontag wird es dann nass: Die Sitte des *śmigus dyngus* reicht von dem dezenten Bespritzen mit Parfum bis zum Eimer Wasser, der über den Mitmenschen ausgekippt wird.

Wisente im Białowieski-Nationalpark

Im äußersten Osten Polens und abseits aller Touristenpfade erstreckt sich 90 km südöstlich von Białystok der einzige zusammenhängende Urwald, der sich in Europa erhalten hat. Er ist fast 1300 km² groß und wird von der polnisch-weißrussischen Grenze durchschnitten. Knapp 600 km² liegen auf polnischem Gebiet. Den eigentlichen Kern des Nationalparks – das eigens umzäunte Schutzgebiet – aber bilden nur gut 50 km².

Der 1921 gegründete Park ist für seine Wisente berühmt. Die mächtigen, den nordamerikanischen Bisons verwandten Tiere waren hier bereits so gut wie ausgestorben. Es gelang den Zoologen aber, in einigen Tierparks einzelne Exemplare zu finden und – zunächst noch in Gehegen – im Białowieski-Nationalpark mit der Nachzucht zu beginnen. Die nächste Generation wurde dann in den Wald und die Freiheit entlassen. Heute leben fast 300 Tiere in freier Wildbahn. Inzwischen plädieren Experten sogar wieder für eine Reduzierung

der Zahl, um das fragile ökologische Gleichgewicht des Urwalds nicht zu gefährden.

Neben den Wisenten haben im Białowieski-Nationalpark auch die Tarpane, kleine ponyähnliche Wildpferde, eine letzte Zufluchtsstätte gefunden. Wölfe, Bären, Luchse, Biber, Elche und Schwarzkopfadler vervollständigen die reiche Fauna.

Charakteristisch für diesen Urwald ist die besonders artenreiche Flora, allein der Mischwald besteht aus 26 Baumarten. Fast 300 unterschiedliche Moosarten haben Botaniker katalogisiert.

Der Park ist in die UNESCO-Liste des Weltkulturerbes aufgenommen worden und darf nur in Begleitung eines Parkführers betreten werden. Informationen sind in dem Parkmuseum in Białowieża, einem hübschen Dorf, erhältlich (Hotel: *Iwa*, ul. Park Pałacowy 10, ☎ 085/6 81 23 85). Hier wird unter anderem auch einen Parkführer vermittelt.

Sprache

Die polnische Sprache gehört zusammen mit dem Tschechischen, Slowakischen und Sorbischen zu den westslawischen Sprachen. Zu ihren Eigentümlichkeiten gehören sieben Deklinationsfälle, eine regelmäßige Betonung (fast immer wird die vorletzte Silbe betont) und eine Reihe von eigenständigen Lauten.

Zu den wichtigsten gehören die Palatalisierungen (weich ausgesprochene Konsonanten), die mit einem Strich über dem jeweiligen Buchstaben sowie Konsonanten mit einem hinzugefügten „i" angezeigt werden („ń", „ni": das weiche „n" wie in Kognak; „ś", „si": etwa wie in „ich", „dź", „dzi": als würde man im Deutschen nacheinander kurz t-sch-i sagen).

Weitere Besonderheiten sind die Nasallaute „ą" und „ę" (wie in „Bonbon" und „Cousin") sowie das „Ł", dessen Aussprache an das englische „w" erinnert (in „water", „well"), aber auch an das „u" in „Auto" anklingt. Das ó wird wie u ausgesprochen. Die meisten der berüchtigten Zischlauten können in deutscher Phonetik umschrieben werden: „sz" = „sch", „cz" = „tsch", „rz" und „ż" (gleicher Laut) = „g" in Sergeant oder „j" in Journalist. Es fehlt noch das „szcz" = „schtsch".

Wer sich lieber nicht auf seine neu erworbenen Polnischkenntnisse verlassen will, wird fast überall mit Deutsch oder Englisch gut zurechtkommen.

Wirtschaft

Die polnische Wirtschaft sieht zehn Jahre nach dem Ende des Sozialismus in den Statistiken besser aus als bei näherer Betrachtung der Lebensumstände der Bevölkerung. Als erstes Land des ehemaligen Ostblocks (die ehemalige DDR ausgenommen) erzielt Polen seit 1992 einen Zuwachs des Bruttosozialproduktes (1998: 5 %). Etwa 60 % der Bevölkerung arbeitet inzwischen in der Privatwirtschaft. Für 1999 werden ebenfalls Zuwächse prognostiziert und man rechnet damit, dass die Inflationsrate weiter sinkt. Der britische Wirtschaftsexperte David Roche nannte Polen sogar schon den ersten „Europäischen Tiger des Ostens". Trotzdem ist die Wirtschaft immer noch marode, wobei die Politiker mit Schuldzuweisung auf 40 Jahre sozialistische Misswirtschaft schnell bei der Hand sind.

Nachdem nicht nur die von jeher größtenteils private Landwirtschaft, sondern alle klein- und mittelständischen Betriebe sowie viele der riesigen Staatskonzerne privatisiert sind, ist bei den meisten Polen die anfängliche Euphorie verflogen. Arbeitslosigkeit und Verarmung eines Teils der Gesellschaft ließen die Bevölkerung am eigenen Leib spüren, dass auch der Kapitalismus Schattenseiten hat. Die demokratischen Regierungen erbten 1989 eine explosionsartig ansteigende dreistellige Inflation. Erst durch eine Schocktherapie, den Übergang von der Plan- zur Marktwirtschaft im Januar 1990, war das Problem in den Griff zu bekommen.

Allerdings liegt die Inflation mit geschätzten 9 % (1998) noch relativ hoch. Daneben drohen den keimenden Erfolgen beim Umbau der Wirtschaft noch andere Gefahren. Die Arbeitslosenquote liegt bei 10 %, wird aber weiter in die Höhe schnellen, wenn die großen unrentablen Industriebetriebe privatisiert bzw. – was den marktwirtschaftlichen Gesetzen entspräche – schlicht liquidiert werden. Aus Angst vor dem damit verbundenen sozialen Sprengstoff zögert jede Regierung und subventioniert weiter (z. B. die Schwerindustrie). Dass dieses wiederum den positiven Wirtschaftstrend bremsen kann, liegt auf der Hand. Derartiges Abwägen und Taktieren war auch bei der linken Regierung (1993–1997) spürbar: Mutiger zeigt sich die jetzige „Solidarność"-Regierung. 1999 treten vier große Reformen (Verwaltungs-, Gesundheits-, Rentensystem- und Bildungsreform) in Kraft.

Zu den anderen Gefahren für die polnische Wirtschaft kommt die Altlast der durch die Zinsen angewachsenen Auslandsschulden hinzu, die auf die leichtsinnige Anleihe von 23 Mrd. Dollar durch den Parteichef Edward Gierek (1970–1980) zurückgeht. Trotz eines zweifachen Schuldenerlasses durch den Londoner Club und den Pariser Club beträgt die ausstehende Summe immer noch etwa 50 Mrd. Dollar.

Der Umweltschutz ist ein vordringliches Problem des Landes

Staatsform

Die Republik Polen ist eine parlamentarische Demokratie. In dem Zwei-Kammern-Parlament ist der *Sejm* das höchste gesetzgebende Organ und kontrolliert die Regierung. Der *Senat* ist an der Gesetzgebung beteiligt. Oberstes Exekutivorgan ist die Regierung. Die nächste Verwaltungsebene bilden die 16 Wojewodschaften, in die das Land eingeteilt ist.

Seit 1995 bekleidet der ehemalige Vorsitzende der postkommunistischen Sozialdemokraten Aleksander Kwaśniewski für fünf Jahre das Amt des direkt gewählten Präsidenten. Der Regierung steht der Ministerpräsident vor, z. Zt. Jerzy Buzek von der Allianz der Wahlaktion „Solidarność" (AWS). An der Regierung beteiligt sich auch die liberale Union der Freiheit (UW), deren Vorsitzender, der „Vater der polnischen Reformen", Leszek Balcezowicz, gleichzeitig das Amt des stellvertretenden Ministerpräsidenten bekleidet.

Der Entwicklungsprozess der parlamentarischen Demokratie nach dem Sturz des Sozialismus verlief nicht schmerzlos; die Uneinigkeit der zahllosen Parteien und Interessengruppen führte häufig zu Regierungskrisen, politischer Instabilität bzw. Handlungsunfähigkeit. Inzwischen allerdings hat sich das System weitgehend stabilisiert, und mit Einführung der 5%-Klausel für den Einzug der Parteien ins Parlament bei den Wahlen ist auch eine gewisse Kontinuität der politischen Entwicklung gewährleistet.

Steckbrief

Lage: In Mitteleuropa zwischen dem 49. und 54. ° nördlicher Breite und dem 14. und 24. ° östlicher Länge

Fläche: 312 683 km²

Hauptstadt: Warszawa (Warschau)

Größte Städte:
Warszawa (Warschau) 1,65 Mio. Einw.; Łódź (Lodsch) 831 300 Einw.; Kraków (Krakau) 745 800 Einw.; Wrocław (Breslau) 643 100 Einw.; Poznań (Posen) 582 800 Einw.; Gdańsk (Danzig) 463 600 Einw.

Bevölkerung: 38 581 000 Einwohner (Stand 1995)

Bevölkerungsdichte: im Landesdurchschnitt 123 Einw./km²; größte Bevölkerungsdichte in Łódź mit 748 Einw./km², geringste Bevölkerungsdichte in der Wojewodschaft Suwałki mit 45 Einw./km². Jährliches Bevölkerungswachstum 0,7 %

Lebenserwartung: 71 Jahre (Männer 66 Jahre, Frauen 75 Jahre), Säuglingssterblichkeit 1,5 %

Erwerbstätigkeit: 15 Mio. Erwerbstätige, 10 % Arbeitslose

966 Mieszko I., ein mächtiger Häuptling der in der Region Posen lebenden Polanen, lässt sich taufen. Mit seinem Übertritt zum Christentum stellt er sich unter den Schutz Roms und dehnt seinen Staat aus (Schlesien und Krakau).

1025 Bolesław I. Chrobry (der Tapfere), der Sohn Mieszkos, zeitweise Herr über die Lausitz, Böhmen und Kiew, läßt sich zum ersten König von Polen krönen.

1138 Nach dem Tode Bolesławs III. Krzywousty (Schiefmund) tritt seine testamentarische Erbfolgeregelung in Kraft, wonach jeder der vier Söhne einen Teil seines Staates erhält. Der Herrscher über Krakau ist der Senior und so politisch mächtiger als die anderen.

Dies beschert Polen langwierige innere Kämpfe und macht es außenpolitisch bedeutungslos.

1225 Konrad I. von Masowien bittet den Deutschen Orden um Hilfe im Kampf gegen die heidnischen Prußen.

1320 Władysław Łokietek, Fürst von Sieradz, gelingt die Wiedervereinigung eines Großteils des polnischen Gebietes. Er lässt sich zum König krönen.

1333 Kazimierz III. übernimmt von seinem Vater die Krone. Er gilt als eine der bedeutendsten Herrscherpersönlichkeiten und erhält den Beinamen „der Große". Er verdoppelt seinen Herrschaftsbereich und macht aus Polen durch die Ostexpansion einen Vielvölkerstaat.

1386 Litauen und Polen werden durch die Heirat des litauischen Großfürsten Jagiełło mit der polnischen Königin Jadwiga (Hedwig von Anjou) vereinigt. Unter der Jagiellonen-Dynastie kommt es zu einer kulturellen und wirtschaftlichen Blütezeit.

1569 Es entsteht nach einem hundertjährigen Prozess des Zusammenwachsens das Vereinigte Königreich Polen-Litauen. Warschau ist Sitz des gemeinsamen Reichstages, des Sejm.

1573–1791 Zeit der „Wahlkönige"; nicht die Erbfolge, sondern die Wahl durch den Adel bestimmt, wer die polnische Krone trägt.

1772, 1793, 1795 In den drei Polnischen Teilungen wird das Land unter seinen absolutistischen Nachbarn Preußen, Österreich und Russland aufgeteilt. Die Teilungen werden erleichtert durch das ineffiziente und anachronistische politische System Polens. Hinzu kommt die Anarchie der viel zu mächtig gewordenen Adelsschicht. Eine Reformbewegung kommt zu spät (s. S. 16).

1830/31, 1863/64: Die zwei wichtigsten Aufstände (der „November-Aufstand" und der „Januar-Aufstand") richten sich gegen das zaristische Russland und werden blutig niedergeschlagen.

1918 Nach Ende des Ersten Weltkrieges, der Niederlage der Mittelmächte und der Revolution in Russland entsteht Polen neu. Marschall Józef Piłsudski ist in diesem neuen Staat politisch bestimmend. Die Auseinandersetzungen um die Grenzen des wieder entstandenen Staates verlaufen teilweise sogar blutig.

1939 Am 1. September fallen deutsche Truppen in Polen ein und lösen damit den Zweiten Weltkrieg aus; am 17. September besetzt die Rote Armee Ostpolen. Innerhalb kurzer Zeit überrennt die Wehrmacht die schlecht ausgerüstete polnische Armee. Es beginnt die NS-Besatzung des Landes, in deren Verlauf beinahe beinahe sechs Millionen polnische Staatsbürger den Tod finden.

1945 Nach dem Ende des Zweiten Weltkrieges einigen sich die Siegermächte in den Konferenzen von Jalta und Potsdam auf die neuen Grenzen Polens. Dem Wunsch Stalins, das polnische Staatsgebiet von Ost nach West zu verschieben, wird entsprochen. Bald danach übernehmen die Kommunisten – offiziell die Polnische Vereinigte Arbeiterpartei PZPR – die Herrschaft.

1981 Der an der Spitze der Partei und Regierung stehende General Wojciech Jaruzelski ruft – auch unter dem Druck der Sowjetunion – am 13. Dezember das Kriegsrecht aus. Die „Solidarność" wird verboten, Tausende von Aktivisten werden inhaftiert.

Vorausgegangen sind eineinhalb Jahre des politischen Kampfes zwischen der kommunistischen Partei und der „Solidarność". Die aus den Streiks hervorgegangene unabhängige Gewerkschaft strebt unter Führung des Danziger Werftarbeiters Lech Wałęsa die Demokratisierung des Landes an. Sie zählt ca. 10 Mio. Mitglieder.

1989 Im Zuge des Umwandlungsprozesses in der Sowjetunion und angesichts des wirtschaftlichen Chaos nimmt die kommunistische Führung offizielle Verhandlungen mit der Opposition auf und lässt im Juni teilweise freie Wahlen abhalten. In deren Folge wird der Kandidat der wieder zugelassenen „Solidarność", Tadeusz Mazowiecki, im September zum Ministerpräsident designiert.

Der oftmals mühsame Aufbau der parlamentarischen Demokratie und der Marktwirtschaft beginnt.

1997 Wie beschwerlich der demokratische Weg ist, zeigt sich schon daran, dass mit Jerzy Buzek bereits der achte Ministerpräsident der Regierung vorsteht.

Die polnische Verfassung wird verabschiedet. Damit wird die Hauptursache für den häufigen Regierungswechsel behoben und die Grundlage für politische Stabilität geschaffen.

Szene aus der Schlacht bei Tannenberg 1410

Im Warschauer Ghetto

Ein Staat und seine Idee – zerstört und unbesiegt

1772 wurde Polen erstmals geteilt. Vorangegangen waren Unruhen, die das Land außenpolitisch handlungsunfähig gemacht hatten. Preußen, Russland und Österreich einigten sich, ihre Gebietsansprüche auf Kosten des wehrlosen Polen zu befriedigen. Sie hatten damit nicht nur einen Gebietszuwachs erzielt, sondern auch eine Gefahr gebannt: Gerade wegen des politischen Verfalls waren in Polen Reformgedanken entstanden, die der Geschichte des Landes einen anderen Lauf hätten geben können. Der Staat hätte zu neuer Macht finden und der reformerische Funke auf die Nachbarländer übergreifen können, was den europäischen Herrschern Kopfzerbrechen bereitete.

Das Kalkül der Teilungsmächte ging aber zunächst nicht auf: Die Reformer erlebten einen Aufschwung; viele Polen sahen jetzt im Reformprozess ihre Chance. Tatsächlich wurden in den nächsten Jahren die modernsten Reformen der damaligen Zeit durchgesetzt. Am 3. Mai 1791 wurde sogar die erste europäische Verfassung verabschiedet, die im Rahmen einer konstitutionellen Monarchie die Verantwortlichkeit der Minister und der Regierung dem Parlament gegenüber vorsah.

Preußen und Russland sahen darin einen feindlichen Akt, ein Jahr später marschierten 100 000 russische Soldaten ein. Anfang 1793 wurde Polen zum zweiten Mal geteilt; Preußen und Russland beschnitten den Staat bis auf einen nicht mehr lebensfähigen Rest, die Väter der Verfassung mussten fliehen.

Der blutig niedergeschlagene Aufstand unter Führung von Tadeusz Kościuszko lieferte 1795 den Vorwand für die dritte und endgültige Teilung Polens, bei der auch Österreich wieder Ansprüche anmeldete. Aber gerade durch die Vertreibung der Reformer sorgten die Siegermächte dafür, dass deren Gedanken über ganz Europa verbreitet wurden.

Kultur gestern und heute

Jahrzehntelang war man in Polen stolz darauf, das Land mit dem höchsten Pro-Kopf-Etat für Kultur zu sein. Doch diese goldenen Zeiten sind zusammen mit dem Sozialismus untergegangen. Film, Theater, bildende Kunst, Musik und Literatur sehen sich heute dem harten Wind der Marktwirtschaft ausgesetzt. Dass Polen dadurch aber keineswegs zu einem kulturlosen Land geworden ist, zeigt sich allerorten – sogar im Ausland: Polnische Theatergruppen werden wie eh und je bei Gastspielen gefeiert, polnische Musiker gehören zum festen Bestandteil vieler Festivals und der gute Ruf des polnischen Films ist ungebrochen. Der Grund dafür liegt sicher auch in dem ausgeprägten Kulturbewusstsein der Bevölkerung, der langen Tradition der polnischen Kunst und ihrer Verkettung mit dem Nationalbewusstsein.

Die durch die Nationalsozialisten stark dezimierte Kulturelite Polens hatte auch unter den Kommunisten kein leichtes Schicksal. Viele sahen die

Adam Mickiewicz

Nachdem die polnische Adelsrepublik untergegangen war, waren es die Künstler, die die Rolle der nationalen Führer übernahmen. Der größte polnische Romantiker, der aus Litauen stammende Adam Mickiewicz (1798–1855), besang die Freiheitskämpfer und zeigte in seinem Epos „Herr Thaddäus" (1834) ein idealisiertes Bild des polnischen Staates. Mickiewicz lebte übrigens wie viele andere polnische Schriftsteller, Maler und Musiker (z. B. Frédéric Chopin, 1810–1849) in Paris.

einzige Chance auf eine Zukunft in der Emigration. So lebten und leben einige der bedeutendsten polnischen Künstler nicht in ihrer Heimat, wie zum Beispiel Witold Gombrowicz (1904–1969, Buenos Aires), Sławomir Mrożek (geb. 1930, Mexiko, seit 1997 in Krakau), Czesław Miłosz (geb. 1911, Berkeley), Stanisław Lem (geb. 1921, Wien, heute wieder in Krakau) oder Leszek Kołakowski (geb. 1927, Oxford). Ihre meinungsbildende, meist stark antikommunistisch gefärbte Stimme war in Polen jedoch immer gut hörbar. Viele Bücher wurden in dem sogenannten Zweiten Umlauf gedruckt, d. h. frei von den Eingriffen durch die Zensurbehörde, und gingen von Hand zu Hand.

Im Vergleich zur Literatur hatte es die darstellende Kunst mit etwas leichter. Seit den 60er Jahren blühte beispielsweise die polnische Plakatschule. Ihre größten Vertreter – Jan Lenica, Franciszek Starowieyski, Waldemar Świerzy – erhoben den Gebrauchsgegenstand Plakat in den Rang einer Kunstgattung.

Auch die moderne Musik Polens machte sich international einen Namen. Witold Lutosławski und Krzysztof Penderecki zählen mit ihren Werken inzwischen zu den Musikklassikern. 1992 entdeckten Kritiker die „Dritte Symphonie" eines Komponisten aus Katowice, Henryk Mikołaj Górecki (geb. 1933), der das Stück 17 Jahre zuvor komponiert hatte. Es nahm sofort die ersten Plätze der Klassik-Hitparade ein. Neben der klassischen Musik ist „Polish Jazz" (Tomasz Stańko, Michał Urbaniak) ein fester Begriff geworden.

Das polnische Theater reicht von dem klassischen nationalen Repertoire (Adam Mickiewicz 1798–1855, Juliusz Słowacki 1809–1849, Stanisław Wyspiański 1869–1907) bis zum modernen Avantgarde-Theater. Jerzy Grotowski mit dem Breslauer „Armutstheater" (Teatr Ubogi) sowie der Krakauer Tadeusz Kantor waren hier tonangebend.

Auch wenn die Filmemacher mehr als bildende Künstler oder Musiker auf

Frédéric Chopin

Theateraufführung im Burghof von Kwidzyn (Marienwerder)

Kunst aus Pappmaché

Die „Krakauer Krippen" sind weit über die Stadtgrenze bekannt. Die sogenannten *szopki* bilden in Pappmaché und Glanzpapier Gebäude der Stadt nach. Besonders beliebt sind die Marienkirche und der Wawel. Früher haben Maurer die Weihnachtskrippen gebaut, heute widmen sich Hobbybastler dieser Aufgabe. Es bedarf reichlich Talent und viel Zeit, bis das Kunstwerk fertig ist, das bis zu 2 m hoch sein kann. Alljährlich findet auf dem Markt ein Wettbewerb um die schönste Weihnachtskrippe statt, die prämiert wird. Die gelungensten Krippen werden in der Franziskaner-Kirche und im Historischen Museum ausgestellt.

finanzielle Förderung durch die sozialistischen Kulturkader angewiesen waren, die ihnen damit auch inhaltliche Vorlagen diktieren konnten, gab es dennoch viele, die zu einer verschlüsselten Gesellschaftskritik fanden (Andrzej Wajda, Marek Piwowski, Krzysztof Zanussi). Andere sahen den einzigen Ausweg in der Emigration; der bekannteste von ihnen ist Roman Polański.

Diese Zeiten sind vorbei, jeder kann schreiben und filmen, was und wie es ihm beliebt. Das anfängliche laute Gejammer über das vermeintliche Ende der polnischen Kultur ist inzwischen leiser geworden, auch wenn viele Theater und Kinos aus marktwirtschaftlichen Gründen tatsächlich auf leichtere Kost à la Rambo umgestiegen sind.

Der Zustrom zu Kunsthochschulen und Konservatorien in Polen ist jedoch ungebrochen. Das international bekannte Werk des Schriftstellers Andrzej Szczypiorski und des 1996 verstorbenen Regisseurs Krzysztof Kieślowski berechtigen zu der Hoffnung, dass die Kassandrarufe der Pessimisten sich nicht bewahrheiten werden. Die Verleihung des Literaturnobelpreises von 1996 trug der in Polen seit langem geschätzten Dichterin Wystawa Szymborska internationale Bekanntheit ein.

Veranstaltungskalender

Februar
Wrocław (Breslau): Festival der polnischen Gegenwartsmusik „Musica Polonica Nova".

April
Częstochowa (Tschenstochau): Intern. Kirchenmusikfest „Gaude Mater".

Mai
Wrocław (Breslau): „Jazz an der Oder".
Łańcut: Klavierfestival.
Kraków (Krakau): Intern. Festival der Kurzfilme.
Sanok: Folkloremarkt.

Juni
Stary Sącz (Alt Sandez): Festival der Alten Musik.
Kazimierz Dolny: Polnische Volkskunstmesse. Volksmusikfestival.
Kraków (Krakau): Krakauer Tage (Dni Krakowa, Volksfest, kulturelle Veranstaltungen).

Juni/Juli
Warszawa (Warschau): Mozartfestival.

Juni–August
Kamień Pomorski (Cammin): Intern. Festival der Orgel- und Kammermusik.
Gdańsk (Danzig): Intern. Festival der Orgel-, Chor- und Kammermusik

„Musica Sacra".
Golub-Dobrzyń (bei Toruń): Intern. Ritterturnier.

Juli
Mrągowo (Sensburg): Festival der Country Music „Picknick Country".

August
Zakopane: Folklorefestival.
Kraków (Krakau): Festival „Musik im alten Krakau"; Folkloristisches Kulturfestival der Beskiden.
Jelenia Góra (Hirschberg): Festival der Straßentheater.

September
Wrocław (Breslau): Oratorien- und Kantatenfestival.
Kutno: Rosenfest.
Warszawa (Warschau): Intern. Festival der Gegenwartsmusik „Warschauer Herbst" (Warszawska Jesień).

Oktober
Warszawa (Warschau): Intern. Fryderyk-Chopin-Klavierwettbewerb (alle 5 Jahre).

Dezember
Kraków (Krakau): Wettbewerb der Krakauer Krippen.

Architektur

Die meisten Architekturdenkmäler Polens sind westeuropäischer Herkunft. Neben den einheimischen haben v. a. italienische, deutsche und holländische Architekten hier gewirkt. Beispiele der italienischen Renaissance, des niederländischen Manierismus sind ebenso zu finden wie Werke des Nürnberger Bildschnitzers Veit Stoß und des späteren preußischen Hofarchitekten Andreas Schlüter.

Zur Zeit der Staatsgründung (966) hält die romanische Architektur Einzug in Posen, Gnesen und Krakau. Es folgt die Gotik, deren schönste Beispiele in Krakau zu bewundern sind.

Portal der Maria-Magdalenen-Kirche in Wrocław (Breslau)

Außerhalb der polnischen Monarchie lag an der Ostsee das mächtige Deutschordensland Preußen. Highlights seiner Backsteinarchitektur sind die Hochmeisterresidenz Marienburg (s. S. 57) und die Backsteinkirchen Danzigs (s. S. 44) und Thorns (s. S. 66).

Die Kaufmannshäuser in Kazimierz Dolny zeugen vom ehemaligen Reichtum

Das blühendste Zeitalter der polnischen Krone, das 16. Jh., hinterließ die bedeutendsten Kunstdenkmäler, darunter das Wawelschloss und die Tuchhallen Krakaus (s. S. 40, 38), das Posener Rathaus (s. S. 88) und die märchenhaften Städtchen Zamość (s. S. 71) und Kazimierz Dolny (s. S. 70). Im Norden des Landes zeichnete sich eine andere Entwicklung ab, für die die autonome Stadt Danzig (s. S. 44) mit ihrer holländisch geprägten Architektur ein gutes Beispiel ist.

Auch der Barock ist vertreten: Die üppige barocke Bauweise der Italiener, wie sie in Schloss Wilanów (s. S. 34) bei Warschau und der Jesuitenkirche in Krakau zu sehen ist, kontrastiert mit den zurückhaltenden Formen eines holländischen Architekten des Barock: Tilman van Gameren. Von ihm stammen u. a. das Krasiński Palais in Warschau (s. S. 28) und die St. Annenkirche in Krakau. Schlesien wurde zu dieser Zeit vom prächtigen Barock der Habsburger geprägt, zu bestaunen u. a. an der Klosterkirche in Grüssau (s. S. 83).

Ein Juwel der Renaissance-Architektur – mit Barockhelm: das Rathaus von Zamość

Essen und Trinken

Bodenständige, deftige Gerichte, die Fleisch als Grundlage haben, sind für die polnische Küche typisch. Auch Kartoffeln, Brot und Gemüse spielen eine große Rolle. Zu einigen Fleischgerichten wird Buchweizengrütze *(kasza gryczana)* serviert. Die Nationalgerichte führt *Bigos* an, ein Eintopfgericht, das u. a. aus Sauerkraut, Kohl, Steinpilzen und Fleischeinlagen besteht. Es existieren dafür so viele unterschiedliche Rezepte, wie es Hausfrauen und Köche in Polen gibt. Der deutsche Gourmetpapst Wolfram Siebeck trat mit seiner Kolumne über das Bigos eine Lawine los: Unzählige Leserinnen und Leser sandten ihr definitives Bigosrezept ein.

Alles Suppe

Wenn Ihnen die diversen *Galaretka*-Varianten – in Gelee eingelegtes Gemüse, Fleisch oder Fisch – als Vorspeisen nicht zusagen, wenden Sie sich den Suppen zu. *Barszcz* (Rote-Bete-Suppe) wird meist mit Fleischtäschchen, den sogenannten Öhrchen *(uszka)*, serviert. Fehlen die Öhrchen, dann finden Sie neben dem Teller ein sogenanntes *krokiet*, eine Art Pfannkuchen mit Fleischfüllung. Das Grün der Roten Bete liefert die Basis einer anderen Barszcz-Sorte, der *botwinka*. Im Sommer sollten Sie *chłodnik* probieren, eine köstliche Kaltschale aus Roter Bete, Dickmilch, Gurken, Schinken und Ei. Auch *żurek* (Saure Roggenmehlsuppe), *grochówka* (Erbsensuppe) und *ogórkowa* (Gurkensuppe) sind beliebt. An *flaki* (Kuttelsuppe) scheiden sich die Geister.

Die Nationalgerichte Polens sind kulinarische Zeugnisse der Internationalität der alten polnischen Republik: So sind die verschiedenen *Barszcz*-Sorten (abgeleitet vom russischen Borschtsch, der Rote-Rüben-Suppe) ukrainischer Provenienz. *Rosół z kołdunami,* eine Brühe, in der Teigtaschen mit Hammelfleischfüllung schwimmen, soll litauischer Herkunft sein.

Viele der Fleischgerichte, allen voran das Eisbein *(golonka),* haben vermutlich Deutschstämmige in eingeführt.

Der üppige zweite Gang eines polnischen Menüs bringt für alle, die mit der alten deutschen Küche vertraut sind, wenig Überraschendes. Es gibt sehr viel Fleisch und etwas Gemüse. Manchmal reicht man *ćwikła,* geriebene Rote Bete mit Meerrettich. Es wird auch viel Geflügel (z. B. die köstliche *kaczka po staropolsku,* Ente mit Äpfeln) und Wild *(dziczyzna,* oft mit Preiselbeeren) gegessen. Wem dies alles zu mächtig ist, der kann leckere Piroggen *(pierogi,* gefüllte Teigtäschchen) bestellen.

Als Nachtisch stehen Kuchen, Torten, Puddings und Götterspeisen *(budyń, galaretka)* zur Wahl.

Schon die Mittagessen sind ausgesprochen üppig. Dass Essen sogar anstrengend sein kann, merkt man spätestens Weihnachten. Als Hinweis auf die Zahl der Apostel müssen Heiligabend zwölf Gerichte gereicht werden. Fester Bestandteil ist die eigens für diesen Anlass geweihte Oblate, die man im Familienkreis und mit Freunden bricht und sich dabei Glück wünscht. Es folgen spezielle Suppen und Fischgerichte, darunter *barszcz wigilijny* (mit Bohnen) und Karpfen (*karp po żydowsku,* Karpfen auf jüdische Art, mit Mandeln und Rosinen). Da Heiligabend kein Fleisch gegessen werden darf, sind die Piroggen an diesem Abend „nur" mit Kohl und Steinpilzen gefüllt. Den traditionellen Weihnachtsnachtisch bilden verschiedene Kuchensorten oder z. B. *kutia,* eine schwer definierbare Masse aus Gerste, Nüssen, Honig und Mohn.

Ein Thema für sich sind die Getränke. Tee und Kaffee werden freilich jedem Besucher sofort angeboten. Den Kaffee trinkt man meist *po turecku,* auf Türkisch mit Kaffeesatz.

Obwohl Wodka der ungekrönte König der polnischen Alkoholika ist, wird neben den meist importierten Weinen auch viel Bier getrunken. „Żywiec", „Okocim" aus den Karpaten oder „EB" aus Elbing und Braunsberg zählen momentan zu den beliebtesten Sorten.

Seit dem Mittelalter wird in Polen Met bzw. Honigwein getrunken. *Miód pitny,* der aus Honig, Wasser, Kräutern und Gewürzen besteht, wird als „Dwójniak" (halb Wasser, halb Honig) oder als „Trójniak" (ein Drittel Honig, zwei Drittel Wasser) verkauft. Der Alkoholgehalt schwankt zwischen 12 und 20%.

Wichtigstes Getränk ist und bleibt der Wodka, polnisch *wódka,* was einfach Wässerchen bedeutet. Bekanntermaßen gehören die Polen sowohl bei der Herstellung als auch beim Konsum von Wodka zu den Weltmeistern. Bei einem jährlichen Verbrauch von fast 12 l reinem Alkohol pro Kopf wird in Polen jedoch nicht mehr Alkohol konsumiert als in Deutschland – aber fast nur in Form von Wodka. Dazu kommt allerdings eine Dunkelziffer: Keiner kann die jährlich konsumierten Mengen des aus den GUS-Staaten geschmuggelten Schnapses bzw. des selbst gebrannten *bimber* genau angeben.

In jüngster Zeit ist der polnische Wodka-Liebhaber etwas verunsichert: Im Zuge der Umstrukturierung des Spirituosen-Monopolisten „Polmos" tauchten neben den Traditionsmarken wie „Żytnia", „Wyborowa" und „Żubrówka" (deutsch: „Grasovka") eine Vielzahl neuer Namen auf. Schlimmer als die verwirrende Vielfalt aber ist der enorme Preisanstieg für das „Lebenswasser". Vielleicht bewirkt der hohe Preis, was alle früheren Beschränkungen nicht vermochten, nämlich den hohen Wodkakonsum – eines der größten sozialen Probleme – einzudämmen.

Urlaub aktiv

Wassersport

An der Ostseeküste kommen vor allem Wassersportler auf ihre Kosten. Zahlreiche Strände laden zum Baden ein, wenn auch einige Strandabschnitte (v. a. in der Danziger Bucht) wegen der nicht mehr tolerierbaren Umweltverschmutzung gesperrt werden mussten.

Wer lieber im Süßwasser baden möchte, sollte zu einem der tausend masurischen Seen oder zur Pommerschen Seenplatte fahren. Ostseeküste und masurische Seen sind aber auch für Segler ein ideales Revier.

Das Surfen hat an der Ostseeküste in den letzten Jahren immer mehr Anhänger gefunden. Auf den masurischen Seen allerdings sind die Surfer noch Exoten und müssen sich das Wasser mit den zahlreichen Kanuten teilen.

Die Masurische Seenplatte ist ein Eldorado für Wasserwanderer. Die zahllosen idyllisch gelegenen Seen werden vielfach durch Flüsse und Kanäle miteinander verbunden. Sie sind geradezu ideal für mehrtägige Kanutouren, zumal es an den schönsten Seeufern Biwakplätze gibt.

 Informationen bekommt man beim **Polnischen Kanuverband:** Polski Związek Kajakowy, ul. Ciołka 17, 01445 Warszawa, ☎ 022/37 40 59.

Angeln

Der Fischreichtum der polnischen Flüsse spricht sich unter Anglern immer mehr herum. Viele polnische Anglergeschäfte bieten Angelausrüstungen zu konkurrenzlos niedrigen Preisen an. Während der Sommersaison bieten Bootsunternehmer in den Küstenorten auch Hochseeangeltouren an.

Rad fahren

Polen ist ein ideales Radfahrerland. Beliebtestes Reiseziel der Radtouristen ist Masuren, obwohl hier die Muskeln an vielen Hügeln gut trainiert werden. Auch die Küstenregion bietet sich für Radtouren an. Es gibt genügend verkehrsarme, meist asphaltierte Nebenstrecken, so dass die Radler Hauptverkehrsstraßen meiden können. Fahrradwege sind in Polen unbekannt.

 Tipps für Radtouristen in Polen hält der **Allgemeine Deutsche Fahrrad-Club** (ADFC), Am Dobben 91, 28203 Bremen, bereit.

Reiten

Zahlreiche Gestüte bieten „Ferien im Sattel" an. Das Angebot reicht von eintägigen Reitausflügen bis zu längeren Aufenthalten.

 Die Anschriften der Gestüte sind beim **Polnischen Reitsportverband** erhältlich: Polski Związek Jeździecki, ul. Cegłowska 68/70, 01809 Warszawa, ☎ 022/8 34 73 21.

Bergwandern

In den Sudeten, den Beskiden und der Hohen Tatra kommen Bergsportler voll und ganz auf ihre Kosten. Der Übergang vom Bergwandern zum Bergsteigen ist dabei eher fließend. In der Hohen Tatra sollte der ortsunkundige Alpinist bei Klettertouren die Hilfe eines Bergführers in Anspruch nehmen.

Wintersport

Die klassische Hochburg des Wintersports ist Zakopane. Aber auch das Riesengebirge mit seinen idyllischen Wintersportorten sowie Szczyrk in den Schlesischen Beskiden ist ausgesprochen reizvoll. Längst kein Geheimtip mehr sind die Loipen in der Gegend von Olsztyn (Allenstein), zumal hier das Kontinentalklima in den Wintermonaten für Schneesicherheit sorgt.

Unterkunft

 Den Besuchern Polens steht ein großes Bettenangebot zur Verfügung. Luxushotels bieten westlichen Standard zu ebensolchen Preisen. Einige Hotels des ehemaligen Monopolunternehmens „Orbis" sind inzwischen privatisiert und wurden mit ausländischem Kapital modernisiert, während andere auf Instandsetzungsarbeiten noch warten. Wie Pilze aus dem Boden schießen in letzter Zeit neue, an private oder ausländische Ketten angeschlossene Hotels (z.B. Mariott, Holiday Inn). An den Nationalstraßen warten sogenannte Gościniec und Motels auf Gäste.

Die Übernachtungskosten sind sehr unterschiedlich. Sie schwanken auch je nach Saison und Unterkunftsdauer. Etwas verwirrend ist die Klassifizierung durch Sterne: Viele Luxushotels haben sich aus steuerlichen Gründen freiwillig zurückgestuft. Seit 1994 gilt nämlich eine gestaffelte Mehrwertsteuer, deren Höhe von dem „Luxusgrad" der zu besteuernden Waren und Dienstleistungen abhängt und zwischen 0% und 25% schwankt. Man kann bei Orbis, Polorbis (s. Informationen, S. 93) oder den jeweiligen internationalen Hotelketten buchen.

Eine neue Art der Unterbringung sind kleine Pensionen, die privat betrieben werden. Übernachtungsmöglichkeiten in Privathäusern erkennt man an Schildern, auf denen „Noclegi" oder „Pokoje" steht. In Gegenden mit vielen deutschen Touristen heißt es: „Zimmer frei".

Diese einfachen Zimmer sind das richtige für alle, die wenig Geld ausgeben möchten. In der privaten Atmosphäre bekommt man schnell Kontakt zu den Vermietern. Vor Ort finden Sie am schnellsten eine Unterkunft, wenn Sie einen Taxifahrer fragen bzw. sich an

Die masurischen Seen ziehen Wassersportler an – hier der Spirding-See

„Ferien im Sattel" müssen nicht einseitig interpretiert werden

Orbis oder die Zimmervermittlung „biuro zakwaterowania" wenden, die es in jeder größeren Stadt gibt.

In herrschaftlicher Umgebung kann man inzwischen in einigen Burgen und Schlössern übernachten, z. B. in Antonin, Łańcut, Łagów, Książ (Fürstenstein) oder Niedzica (Neidenburg). Buchungen nimmt Polorbis entgegen.

Polen ist ein Paradies für Camper. Die Plätze sind in drei Kategorien aufgeteilt und in der Regel vom 15. Mai bis zum 15. September geöffnet. Wer vorher reservieren möchte, wende sich an ein auf Polen spezialisiertes Reisebüro. Schon vor langer Zeit wurden sog. Biwakplätze (miejsca biwakowe) angelegt, zumeist malerisch an Seeufern, auf denen man sein Zelt aufschlagen kann. Die unbewachten Plätze sind besonders preiswert, allerdings höchstens mit einem Plumpsklo ausgestattet. Versuchen Sie, in einer Buchhandlung in Polen die neueste Ausgabe der Karte „campingi w Polsce" zu bekommen oder erkundigen Sie sich bei Polorbis.

„Wildes" Campen ist verboten, auch wenn manchmal ein Auge zugedrückt wird. Doch bevor Sie Ihr Zelt aufstellen, fragen Sie den Besitzer um Erlaubnis, wenn ein Haus zu sehen ist.

Neben den ganzjährig geöffneten Jugendherbergen werden während der Sommermonate zusätzlich Saisonjugendherbergen eingerichtet. Sie verfügen nur über geringen Komfort und bieten keine Verpflegungsmöglichkeit. Mit einem internationalen Jugendherbergsausweis erhält der Gast 25 % Ermäßigung. Der Aufenthalt ist offiziell auf drei Tage begrenzt. Gruppen ab sechs Personen müssen sich mindestens vier Wochen vorher anmelden.

 Deutsches Jugendherbergswerk, Postfach 1455, 32704 Detmold, ☎ 052 31/9 93 60;
Polnische Gesellschaft für das Jugendherbergswesen (PTSM), ul. Chocimska 28, 00 792 Warszawa, ☎ 022/49 83 54, 🖷 49 83 54.

Reisewege und Verkehrsmittel

Wer Polen auf dem Luftweg erreicht, wird normalerweise über Warszawa (Warschau) fliegen, den einzigen internationalen Großflughafen des Landes. Inzwischen kann man von Deutschland direkt auch nach Kraków (Krakau), Gdańsk (Danzig), Wrocław (Breslau), Poznań (Posen) und Katowice (Kattowitz) fliegen. Das Inlandsflugnetz verbindet alle größeren Städte miteinander.

Die Bahnfahrten von Deutschland nach Polen sind vergleichsweise preisgünstig. Der Interrail-Pass für Reisende unter 26 Jahren rentiert sich aufgrund der günstigen Fahrpreise im Land nicht. Die meisten Zugverbindungen von Deutschland aus führen über Berlin und Frankfurt/Oder nach Posen und Warschau. Zur uneingeschränkten Benutzung aller polnischen Züge innerhalb eines bestimmten Zeitraumes berechtigt der Polrail-Pass. Er ist in Polen selbst, bei Polorbis und beim Polen-Reisedienst (s. Informationen, S. 93) erhältlich.

Eine zunehmend beliebtere Alternative zur Bahn sind die preiswerten internationalen Linienbusse nach Polen. Nähere Informationen bei den Reisebüros.

In Polen selbst kann man sich eines dichten Netzes von Autobuslinien bedienen. Die Busbahnhöfe (dworzec autobusowy) befinden sich meist in der Nähe der Eisenbahnhöfe.

In allen größeren Städten ist das Nahverkehrssystem – Straßenbahnen, Busse und Trolleybusse – gut ausgebaut. Die Fahrscheine, die man an Kiosken (kiosk ruch) bekommt, berechtigen nicht zum Umsteigen. Nach dem Betreten des Verkehrsmittels muss der Fahrgast seinen Fahrschein selbst entwerten. Ab 23 Uhr gilt der Nachttarif (doppelter Fahrpreis).

Obwohl für Polen kaum erschwinglich, sind Taxifahrten nach deutschen Maßstäben verhältnismäßig billig. Am günstigsten und sichersten sind die Funktaxen (z. B. „Radio-Taxi", in fast allen größeren Städten ☎ 919). Die Taxi-Mafia in Warschau (v. a. Taxistände am Bahnhof, Flughafen, Schlossplatz) ist berüchtigt. Ab 22 Uhr sowie an Sonn- und Feiertagen erhöht sich der Preis um 50 %. Die meisten Taxifahrer sind behilflich, wenn es darum geht, eine private Unterkunft oder ein empfehlenswertes Restaurant zu finden. Größere Hotels unterhalten eigene Taxis, die den Hausgästen vorbehalten sind.

Die meisten Polenurlauber werden das Land mit dem eigenen Auto bereisen. Außer dem nationalen Führerschein benötigt man die Grüne Versicherungskarte. Es gibt inzwischen flächendeckend Tankstellen mit bleifreiem Benzin. Die Geschwindigkeitsbegrenzungen sind in Ortschaften 60 km/h, außerhalb der Ortschaften 90 km/h und auf Schnellstraßen 110 km/h. Es herrscht eine generelle Anschnallpflicht. In den Herbst- und Wintermonaten ist Abblendlicht den ganzen Tag über vorgeschrieben. Vorfahrt hat das Auto im Kreisverkehr und grundsätzlich jede Straßenbahn. Ein grüner Pfeil an Ampeln erlaubt, auch bei Rot rechts abzubiegen – Fußgänger beachten! Die Promillegrenze liegt bei 0,2 ‰. Das Autofahren in Polen ist etwas gewöhnungsbedürftig. Der landesübliche Fahrstil ist ausgesprochen rasant und zuweilen gefährlich: Unbeleuchtete Fuhrwerke, Betrunkene am Straßenrand oder Fahrzeuge mit nur einem Scheinwerfer erfordern stets die erhöhte Aufmerksamkeit des Fahrers. Die Nationalstraßen haben jeweils eine Ausweichspur, um die schnelleren Autos vorbeizulassen. Zum polnischen Straßenbild gehören auch die Radarkontrollen, meist wird man von anderen Fahrern rechtzeitig darauf aufmerksam gemacht.

Bewachter Parkplatz: in Polen besonders zu empfehlen

Achtung Autofahrer!

Westliche Luxusfahrzeuge sind bevorzugte Objekte krimineller Begierden. Die Chancen, sein Fahrzeug im Falle des Falles zurückzubekommen, sind gering.

Lassen Sie Ihren Wagen am besten nur auf bewachten Parkplätzen stehen, die es in jeder größeren Stadt gibt. Lassen Sie keine wertvollen Sachen, auch keine Taschen, im Auto. Auch ein Radio erhöht die Einbruchgefahr.

**Warszawa (Warschau)

Phönix aus der Asche

Die Hauptstadt (1,65 Mio. Einw.) präsentiert sich dem Besucher als quirlige Metropole. Historische Bauten, die liebevoll gepflegt werden, pompöse steinerne Erinnerungen an die Zeit des Stalinismus und marmorne Büropaläste internationaler Firmen stehen einträchtig nebeneinander. Die Menschen scheinen wenig beeindruckt zu sein von dem historischen Pflaster, über das sie eilen, um ihren ganz alltäglichen Geschäften nachzugehen. Von der Aufbruchstimmung nach dem Niedergang des Sozialismus ist bei den meisten nicht mehr viel zu spüren. Nur wenige haben es geschafft, ihre Träume von ein bisschen Wohlstand oder gar Reichtum wahr werden zu lassen. Vielen brachte das neue System auch neue Armut.

Im Laufe ihrer 700-jährigen Geschichte haben Stadt und Bewohner bereits so manche Katastrophe erlebt. Das größte Unglück brachte der Zweite Weltkrieg. Nicht die Verwüstungen während der Nordischen Kriege, nicht die Besetzung durch die Russen, selbst nicht die Aufstände in der Zeit der Polnischen Teilungen brannten sich so in die Erinnerung der Warschauer ein wie das Grauen dieses jüngsten Krieges. Es waren Jahre des Terrors und der Vernichtung eines großen Teiles der Bevölkerung. Viele Menschen wurden zur Zwangsarbeit nach Deutschland deportiert oder in Konzentrationslager gebracht.

Das dunkelste Kapitel der deutschen Besatzung ist sicherlich das des Warschauer Ghettos. Ab 1940 wurden die jüdischen Bewohner der Stadt in einem immer enger gefassten Gebiet zusammengepfercht. Täglich fuhren die Güterzüge ins 100 km entfernte Vernichtungslager Treblinka. Als für die wenigen im Ghetto verbliebenen Menschen die Lage immer aussichtsloser wurde, entschlossen sich die Verzweifelten zu einem letzten Aufbegehren: Im April 1943 brach der Ghetto-Aufstand los. Doch es kostete die SS-Einheiten wenig Mühe, den Aufstand niederzuschlagen und das gesamte Ghetto-Gelände dem Erdboden gleichzumachen.

Nach dem Warschauer Aufstand 1944 (s. S. 29) wurden die Überlebenden vertrieben und auch die anderen Stadtteile gesprengt. Beim Einmarsch der Roten Armee war die Stadt zu über 80 % zerstört und fast menschenleer. Doch schon gleich nach Kriegsende wurde mit dem Wiederaufbau begonnen. Angesichts der blühenden Metropole, als die sich Warschau heute dem Besucher zeigt, kann man sich die Ausmaße der damaligen Verwüstungen kaum mehr vorstellen.

Warschau kann man an einem Tag besichtigen, man kann aber auch Wochen hier verbringen und jeden Tag Neues entdecken. Der folgende Altstadtspaziergang ist für einen Tag konzipiert. Wer dem Nationalmuseum und dem Schloss einen Besuch abstatten will, sollte noch einen weiteren Tag Zeit mitbringen. Für den Ausflug nach Wilanów brauchen Sie mindestens einen halben Tag. Für Wilanów sowie für das ehemalige Ghetto-Gelände, den Kulturpalast und das Łazienki Palais sind Sie auf die städtischen Verkehrsmittel oder das eigene Auto angewiesen. Die Neustadt, den Königsweg sowie die Altstadt sollte man unbedingt zu Fuß erkunden.

Vom Kulturpalast zur Marienkirche

Egal an welcher Stelle der Stadt man sich gerade befindet, von überall ist der gewaltige *Kulturpalast ❶ zu sehen. Mitten im Zentrum Warschaus gelegen protzt das von 1952 bis 1955 errichtete Gebäude in reinem „Zuckerbäckerstil", ein Geschenk der Sowjetunion an das polnische „Brudervolk", das von der Überlegenheit des Sozialismus Zeugnis ablegen sollte. Heute tut sich die Hauptstadt schwer mit ihrem stalinistischen Erbstück, denn die Unterhaltskosten sind enorm. Viele Räume sind inzwischen neuen Zwecken zugeführt: Dependancen westlicher Firmen, Spielhallen und Büros haben sich hier ebenso etabliert wie das Goethe-Institut.

 Ein Warschauer Jazz-Club befindet sich in einem hässlichen Möbelladen neben dem Hauptbahnhof: **Akwarium,** ul. Emilii Plater 49, ☎ 6 20 50 72. Nichtsdestotrotz ist er seit den Zeiten des realexistierenden Sozialismus, als Jazz-Musik mit politischem Ungehorsam assoziiert wurde, die Adresse im Lande schlechthin. Täglich ab 22 Uhr (Sa ab 23 Uhr) machen hier die besten polnischen und auch internationalen Künstler die Musik.

In nördlicher Richtung führt der Weg vorbei an der *Allerheiligenkirche* zur **Synagoge ❷**. Das eher unscheinbare Gebäude, das mit der Unterstützung amerikanischer Juden restauriert wurde, versteckt sich hinter einigen modernen Häusern und ist heute Versammlungsort der wenigen Warschauer jüdischen Glaubens.

Nach einigen Fußminuten in östlicher Richtung erreicht man die **Protestantische Kirche ❸** (zbór ewangelicko-augsburski). Die neoklassizistische Rotunde mit zylindrischem Baukörper und Laternenkuppel von 1781 wurde nach dem Krieg wieder aufgebaut.

Tipp Aufgrund der besonders guten Akustik hier finden in der Protestantischen Kirche viele Konzerte statt.

Nicht rekonstruiert hingegen wurde das einstige *Sächsische Palais*, das nächste Ziel des Stadtrundgangs. Allein ein Fragment des Arkadengangs

Literaturtipps

Demjenigen, der mehr über das Warschau vergangener Zeiten erfahren möchte, seien zwei Bücher empfohlen: Andrzej Szczypiorski zeichnet in seinem Buch „Die Schöne Frau Seidenmann" ein differenziertes Bild Warschaus während der deutschen Besatzungszeit. Isaac Bashevis Singer beschreibt in „Eine Kindheit in Warschau" aus der Perspektive eines kleinen Jungen das Warschau von vor dem Ersten Weltkrieg, auch „Paris des Ostens" genannt, mit seinen Pferdestraßenbahnen, Jiddisch sprechenden Kutschern, „Männern, die Zylinder aufhatten und Damen, die einen Schleier vor dem Gesicht trugen".

Seite
31

Blick auf den Kulturpalast: „Zuckerbäckerstil" pur

Das Grab des Unbekannten Soldaten

Der Sächsische Garten

Hinter dem Grab des Unbekannten Soldaten erstreckt sich der Sächsische Garten (Ogród Saski). Er ist für Einheimische wie für fußmüde Städtereisende der ideale Platz, der Großstadthektik und dem Verkehr für einen Augenblick zu entrinnen.

Seite 31

ist erhalten. Hier befindet sich seit dem Ende des Ersten Weltkrieges das **Grab des Unbekannten Soldaten** (Grób Nieznanego Żołnierza) ❹. Aus ganz Europa wurden Urnen mit der Erde von den Schlachtfeldern, auf denen polnische Soldaten gefallen sind, zusammengetragen. Jeden Tag um 12 Uhr findet unter den Augen der neugierigen Touristen die Wachablösung statt.

Nach einem Spaziergang durch den Park kommt man zu einem imposanten Bau, dem sogenannten **Großen Theater** (Teatr Wielki) ❺, von 1825 bis 1833 erbaut. Das Gebäude gilt mit der vom italienischen Baumeister Antonio Corazzi gestalteten Fassade als Musterbeispiel klassizistischer Baukunst. Mit fast 2000 Plätzen ist es das größte Opernhaus von ganz Polen.

Der weitere Weg führt auf der ulica Senatorska und der ulica Miodowa an prächtigen Stadtpalais vorbei zu der barocken **Kapuzinerkirche** ❻ aus dem 17. Jh. In einer der Kapellen ist das Herz des Stifters, König Jan III. Sobieski, eingemauert.

Vorbei an dem 1989 geschaffenen **Denkmal der Helden des Warschauer Aufstandes** ❼, dessen Ästhetik zu heftigen Diskussionen geführt hat, geht es zum barocken *Krasiński Palais.

Der aus den Niederlanden stammende Architekt Tilman van Gameren entwarf das Palais mit seiner eleganten Fassade 1677. Heute beherbergt das Palais die *Nationalbibliothek,* zu deren Beständen eine kostbare Handschriftensammlung gehört. Der Palast sowie der ihn umge-

bende Park liegen schon am westlichen Rand der Neustadt, einem historischen Stadtviertel in der Nähe der Altstadt, Höhepunkt des Stadtrundgangs.

Wer bisher mit dem Auto unterwegs war, kann von hier noch einen Abstecher zum **Denkmal der Helden des Ghetto-Aufstandes* (pomnik Bohaterów Getta) an der ulica Zamenhofa unternehmen. Der Bildhauer Natan Rappaport entwarf das Denkmal 1948. An diesem Ort kniete Willy Brandt 1970 nieder, um im Namen des deutschen Volkes der Opfer der nationalsozialistischen Greuel zu gedenken.

Die verwinkelten Gassen der alten *Neustadt lassen sich zu Fuß besser durchstreifen; die Altstadt ist ohnehin Fußgängerzone.

Tipp Spätestens in der Nähe des Krasiński-Platzes sollten sich Autofahrer nach einem Parkplatz umsehen.

Über dem Neustädter Markt (Rynek Nowego Miasta) erhebt sich die Kuppel der **Sakramentinerinnen–Kirche** ❽, eines schönen Zentralbaus mit Klostergebäude. Auch hier begegnet uns wieder Tilman van Gameren, der als Hauptmeister des polnischen Barock bezeichnet werden kann. Schaut man in Richtung Weichselufer, so erblickt man den Glockenturm der gotischen **Marienkirche** ❾. Von der Terrasse an der Ostseite der Kirche schweift der Blick über die Weichsel (Wisła) zu der gegenüberliegenden Vorstadt Praga.

*Die Altstadt

Das älteste Stadtviertel Warschaus, das auf das 13. Jh. zurückgeht, stammt in seiner heutigen Form aus dem 20. Jh. und ist eine Glanzleistung polnischer Restauratorenkunst, da sie 1944 und 1945 vollständig zerstört wurde. Die polnische Restauratorenschule in Toruń (Thorn) ist international bekannt und so trifft man polnische Restauratoren in der ganzen Welt. Der Wiederaufbau der Warschauer Altstadt war aber nicht nur von rein künstlerischer Bedeutung, sondern Ausdruck des nationalen Selbstbewusstseins. Sie steht für Kontinuität und ist ein Symbol dafür, dass die Nation trotz aller Vernichtungsversuche immer noch existiert.

Der Weg in die Altstadt führt an dem Geburtshaus einer berühmten Polin vorbei. In der ulica Freta Nr. 16 (heute Museum) wurde 1867 Maria Skłodowska geboren, die der Welt als Madame Curie bekannt ist, Chemikerin, Physikerin, zweifache Nobelpreisträgerin und Mitbegründerin der Strahlenlehre. Das gemeinsam mit ihrem Mann, Pierre Curie, entdeckte Element nannte sie nach ihrer Heimat: Polonium.

Die **Barbakane** ⑩, eine massive Toranlage aus dem 16. Jh., markiert den Eingang in die Altstadt. Außer der Barbakane von Warschau und derjenigen in Krakau gibt es nur noch in Carcassonne und in Avignon von der Größe

Seite 31

Ein Denkmal erinnert an die Helden des Warschauer Aufstandes

Der Warschauer Aufstand 1944

Zu den umstrittensten Themen der jüngsten polnischen Geschichte zählt der Warschauer Aufstand. Am 1. August 1944 erhob sich die Stadtbevölkerung gegen das nationalsozialistische Besatzungsregime. Treibende Kraft des Aufstands war die bürgerliche Londoner Exilregierung, die direkt vor dem Einmarsch der Truppen Stalins eine legitime Regierung in der Hauptstadt etablieren wollte. Die Rote Armee stand zu diesem Zeitpunkt schon in der Nähe des östlichen Weichselufers und bezog Stellung in einem Vorort von Warschau. Dennoch griff sie nicht in die Kämpfe ein. Wehrmacht und SS-Verbände legten Warschau in Schutt und Asche. In 63 Tagen des erbitterten Kampfes kamen rund 200 000 Menschen ums Leben, zum großen Teil Zivilisten, die in Massenhinrichtungen oder durch Bombardements den Tod fanden. Bis heute werfen die Polen der Roten Armee vor, die Vernichtung Warschaus und den Tod so vieler seiner Bewohner durch ihr Nichteingreifen mit verschuldet zu haben. Eine Polemik, die bis heute die Wellen hoch schlagen lässt, setzt sich mit der Frage nach dem Sinn des Aufstandes auseinander. Nicht nur die Kommunisten, sondern auch namhafte regimekritische Historiker argumentieren, die Londoner Regierung und ihre Heimatarmee (AK) habe die Metropole aus machtpolitischen Erwägungen heraus in einen Kampf geführt, der schon zuvor als aussichtslos hätte eingeschätzt werden müssen. Jedes Jahr – auch über 50 Jahre danach – brechen bei den Feierlichkeiten zum Jahrestag des Warschauer Aufstands immer wieder Meinungsverschiedenheiten auf. Einig sind sich alle in ihrer Hochachtung vor dem Mut jener, die die größte polnische Schlacht des Zweiten Weltkrieges ausfochten.

Seite
31

Volkskunst

Den einzigen „Cepelia"-Laden, der keine Standardsouvenirs verkauft, finden Sie am Altstädtischen Markt in Warschau (Dom Sztuki Ludowej, Rynek Starego Miasta 10): Hier bekommen Sie Kunstwerke direkt von z. T. namhaften Künstlern. Unter den Abnehmern von Holzschnitzwerken, Glas- und Stoffmalereien, Klöppelspitzen, Gobelins und Volkstrachten gibt es in- und ausländische ethnographische Museen – Grund genug, dort wenigstens einmal hineinzuschauen.

her vergleichbare ellipsoide oder runde Vorbauten eines mittelalterlichen Tores. Die Kreuzritter haben diese Art der Befestigungsanlage vermutlich von den Arabern übernommen.

Treff-, Dreh- und Angelpunkt der Altstadt ist der **Altstädtische Markt** (Rynek Starego Miasta) ⓫, der von hübschen Bürgerhäusern, ursprünglich aus dem 15. bis 19. Jh., eingerahmt wird. Hier flanieren Hauptstädter wie Touristen gleichermaßen gern. Man trifft sich zum Zug durch die Kneipen oder lässt sich bei schönem Wetter gleich an einem der vielen Cafétische nieder. Junge Künstler preisen Porträts und verschiedenste Altstadtansichten an. Für müde Besucher stehen Pferdekutschen bereit.

Vom Marktplatz geht man in wenigen Minuten vorbei an der *Jesuitenkirche* bis zur *Johanneskathedrale* ⓬, dem größten Gotteshaus der Altstadt. Der gotische Sakralbau mit einem beachtenswerten Sterngewölbe geht auf das 14. Jh. zurück. In der Johanneskathedrale haben viele kirchliche und weltliche Herrscher ihre letzte Ruhe gefunden, darunter der große polnische Schriftsteller Henryk Sienkiewicz („Quo Vadis?") und der 1981 verstorbene Primas von Polen, Kardinal Stefan Wyszyński.

Den südlichen Abschluss der Altstadtanlage bildet das *Königsschloss* ⓭, dessen prunkvolle Innenräume detailgenau rekonstruiert wurden. Einige Stücke der Originalausstattung waren während des Krieges ausgelagert und konnten so gerettet werden (Di–So 10–16 Uhr).

Der Canaletto-Saal zählt mit den 23 Stadtveduten des venezianischen Malers Bernardo Bellotto, gen. Canaletto (1720–1780), die als Vorlage für den Wiederaufbau der Stadt nach dem Krieg dienten, sicherlich zu den schönsten Räumen. Erst 1971 wurde mit der Wiederherstellung des Schlosses begonnen; der komplette Wiederaufbau dauerte fast 20 Jahre. Vor dem Königsschloss erstreckt sich der Schlossplatz mit der *Sigismund-Säule*, ein beliebtes Fotomotiv. Viele halten die Figur auf der Säule für einen Kleriker, da sie ein riesiges Kreuz trägt. Tatsächlich stellt die Statue König Sigismund III. Wasa dar, dessen gegenreformatorischer Eifer den Künstler dazu bewog, dem König ein Kreuz in die Hand zu geben.

❶ Kulturpalast
❷ Synagoge
❸ Protestantische Kirche
❹ Grab des Unbekannten Soldaten
❺ Großes Theater
❻ Kapuzinerkirche
❼ Denkmal der Helden des Warschauer Aufstandes
❽ Sakramentinerinnen-Kirche
❾ Marienkirche
❿ Barbakane
⓫ Altstädtischer Markt
⓬ Johanneskathedrale
⓭ Königsschloss
⓮ St.-Annenkirche
⓯ Radziwiłł Palais
⓰ Visitantinnenkirche
⓱ Universität
⓲ Kopernikus-Denkmal
⓳ Nationalmuseum
⓴ Alexanderkirche

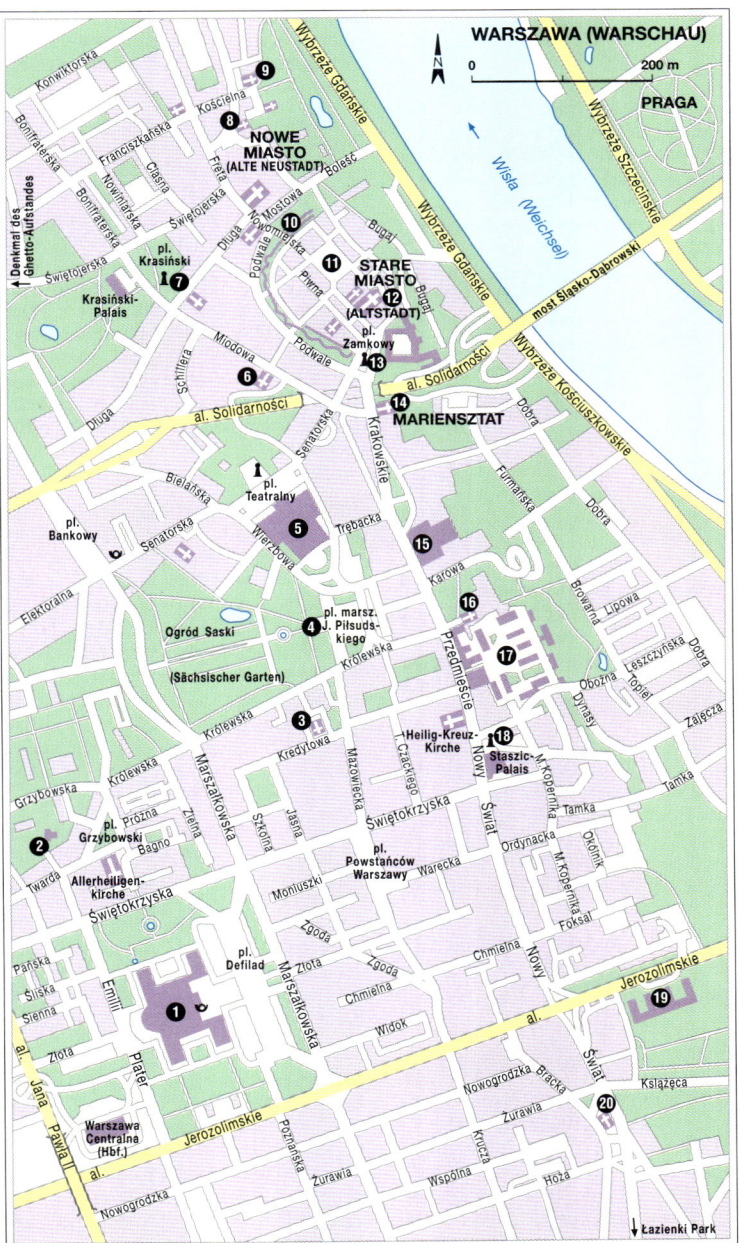

WARSZAWA (WARSCHAU)

0   200 m

PRAGA

Seite
31

Wisła (Weichsel)

Wybrzeże Gdańskie

Wybrzeże Szczecińskie

most Śląsko-Dąbrowski

Wybrzeże Kościuszkowskie

Konwiktorska

Bonifraterska

Franciszkańska

Kościelna

Freta

Bolesć

❾

❽

NOWE
MIASTO
(ALTE NEUSTADT)

Clasra

Nowiniarska

Świętojerska

Długa

Mostowa

Nowomiejska

Podwale

❿

Bonifraterska

Denkmal des
Ghetto-Aufstandes

Świętojerska

pl.
Krasiński

❼

Krasiński-
Palais

Miodowa

Bugaj

Piwna

⓫

STARE
MIASTO
(ALTSTADT)

Bugaj

⓬

pl.
Zamkowy

Podwale

❻

⓭

Schillera

Senatorska

al. Solidarności

⓮

MARIENSZTAT

al. Solidarności

Dobra

Długa

Bielańska

pl.
Teatralny

Furmańska

Dobra

pl.
Bankowy

Senatorska

Wierzbowa

Trębacka

❺

⓯

Browarna

Lipowa

Dobra

Elektoralna

Karowa

Przedmieście

Leszczyńska

Podjeł

pl. marsz.
J. Piłsuds-
kiego

❹

⓰

Zajęcza

Ogród Saski

⓱

Oboźna

Dynasy

(Sächsischer Garten)

Królewska

❸

Kredytowa

Heilig-Kreuz-
Kirche

Mazowiecka

Czackiego

Świat

Staszic-
Palais

⓲

Nowy

Kopernika

Grzybowska

Królewska

Marszałkowska

Zielna

Jasna

Szkolna

Świętokrzyska

Świat

Ordynacka

Tamka

M. Kopernika

Okólnik

Tamka

pl. Prożna
Grzybowski

❷

Bagno

pl.
Powstańców
Warszawy

Warecka

Foksal

Twarda

Allerheiligen-
kirche

Świętokrzyska

Moniuszki

Zgoda

Chmielna

Nowy

Paňská

Śliska

Sienna

pl.
Defilad

Złota

Zgoda

Chmielna

Świat

Jerozolimskie

⓳

❶

Marszałkowska

Widok

al.

Emilii

Plater

Złota

Nowogrodzka

Bracka

Książęca

⓴

Jana

Pawła II

al.

Warszawa
Centralna
(Hbf.)

Jerozolimskie

Poznańska

Żurawia

Krucza

Hoża

Świat

Żurawia

Nowogrodzka

Wspólna

↓ Łazienki Park

*Der Königsweg

Nach dem Verlassen der Altstadt stößt man zwangsläufig auf den sogenannten Königsweg (Trakt Królewski), einen Prachtboulevard, der das Königsschloss mit Schloss Wilanów verbindet. Repräsentative Bauten säumen den Weg, der sich streckenweise in eine belebte Geschäftsstraße verwandelt. Den Auftakt des Königswegs bildet die *St. Annenkirche* ⓮. Das gotische Gotteshaus stammt aus der zweiten Hälfte des 15. Jhs., wurde aber mehrmals umgebaut und zeigt sich heute in klassizistischem Stil. Venedig-Kenner werden sich wundern, denn die Fassade ist deutlich der venezianischen Palladio-Kirche „Il Redentore" nachempfunden.

Von seinem Sockel blickt der polnische Nationaldichter *Adam Mickiewicz* auf das Treiben zu seinen Füßen. Zu den eindrucksvollsten Profanbauten, die den Königsweg säumen, zählt das *Radziwiłł Palais* ⓯; es ist heute Sitz des Präsidenten. Das *Reiterdenkmal* im Innenhof, das den Prinzen und Marschall Frankreichs Józef Poniatowski darstellt, stammt vom dänischen Bildhauer Bertel Thorvaldsen.

Zwischen den Residenzen der großen Familien Polens liegt die spätbarocke *Visitantinnenkirche* ⓰ mit ihrer üppigen, durch eine plastische Säulengliederung strukturierte Fassade und ihrer verspielten Rokoko-Ausstattung. Viele halten sie für die schönste Barockkirche Warschaus.

Weiter führt der Weg zur **Universität** ⓱. Die ehemaligen Paläste der Adelsfamilien Tyszkiewicz und Uruski sowie das

Seite
31

einstige Königsschloss Kazimierzowski dienen heute der Forschung und Lehre. Wohl kaum eine Hochschule verfügt über so schöne Gebäude.

Das **Kopernikus-Denkmal** ⓲, ebenfalls von Thorvaldsen (1830), steht vor dem **Staszic Palais,** einem klassizistischen Bau aus dem 19. Jh., in dem heute die Polnische Akademie der Wissenschaften Sitz bezogen hat.

 Nun ist eine Cafépause sicherlich willkommen: Das **Café Nowy Świat** (Ecke Nowy Świat/Świętokrzyska) ist genau der richtige Ort. Internationale Zeitungen liegen aus und laden in der altmodischen Atmosphäre des Cafés ein, ruhig auch noch ein bisschen länger zu verweilen.

Entlang dem Königsweg, der auf diesem Abschnitt Nowy Świat (Neue Welt) heißt, gelangt man ins Zentrum des modernen Warschau und damit zunächst zum *Nationalmuseum ⓳ (Di, So 10–17, Mi, Fr, Sa 10–16, Do 12–19 Uhr). Frühchristliche Fresken aus Faras im Sudan, die polnische Archäologen vor den Wassermassen des Assuan-Staudamms gerettet haben, mittelalterliche Skulpturen sowie Beispiele polnischer Malerei der letzten 200 Jahre bilden die Höhepunkte der Sammlung.

 Musikkassetten und CDs von klassischer Musik bis hin zum berühmten polnischen Jazz, inzwischen offiziell aufgenommen und lizensiert, sind etwa um die Hälfte preiswerter als in Deutschland. Der ideale Platz mit einer breiten Auswahl ist der Musik-Shop CMR Digital, al. Jerozolimskie 2, ☎ 8 27 87 73, direkt gegenüber dem Nationalmuseum.

Etwas weiter in südliche Richtung liegt die **Alexanderkirche** ⓴. Der 1818 errichtete klassizistische Bau steht – tagtäglich vom Strom der vielen Fahrzeuge umbrandet – mitten auf einer Verkehrsinsel, die den schönen Namen „Platz der drei Kreuze" (plac Trzech Krzyży) trägt.

Das Herz des Künstlers

Verehrer von Frédéric Chopin sollten zur Heilig-Kreuz-Kirche schräg gegenüber dem Universitätsgelände gehen: Im linken Pfeiler des Hauptschiffes wird dessen das Herz in einer Urne aufbewahrt.

** Der Łazienki–Park

Spätestens hier sind auch Städtereisende, die gut zu Fuß sind, erschöpft genug, um den weiteren Weg zum Łazienki-Park mit dem Bus zurückzulegen (Linien 116, 122, 193). Es geht entlang der aleje Ujazdowskie, einer von eklektizistischen Bauten gesäumten Prachtstraße, an der sich viele Botschaften niedergelassen haben.

Ein Hauch von Nostalgie: in der Altstadt

Der bereits seit 1818 öffentlich zugängliche Park ist eine Insel der Ruhe. Der Name bezieht sich auf die Bäder, polnisch łazienki, die hier vor rund 300 Jahren eingerichtet wurden. König Stanisław II. August Poniatowski (reg. 1764–1795) verbrachte hier die mitunter heißen Warschauer Sommer und machte Łazienki zu seiner Sommerresidenz. Als Kunstfreund bewies Stanisław hier ein weiteres Mal seinen guten Geschmack.

Die Barbakane

Einen Teil des Parks macht der Botanische Garten aus, in dem sich das klassizistische Astronomische Observatorium befindet. Zentrum der Anlage ist das *Łazienki Palais,* das König Stanisław II. August Poniatowski bis zu seiner Abdankung 1795 als Sommerresidenz diente. Das benachbarte *Theater auf der Insel* von 1790 ist einer antiken Theaterruine nachempfunden. Der Kanal, der die Bühne von der Zuschauertribüne trennt, bot die Möglichkeit, Schiffe in das Szenarium zu bringen. In dem Park befindet sich noch ein zweites barockes Theater in der alten Orangerie. Illusionsmalerei täuscht hier mit Zuschauern besetzte Logen vor.

Zu Füßen seines Denkmals im Łazienki-Park werden Chopins Werke live gespielt

Ein Kontrastprogramm zu den klassischen Kunststilen bietet das **Ujazdów-Schloss** (zamek Ujazdowski), das an dem hohen Weichselufer zwischen der von Gaslaternen beleuchteten Agrykola-Straße und der modernen Durchfahrtsstraße, trasa Łazienkowska, liegt. Die Innenräume wählte die künstlerische Avantgarde Polens als Domizil, die hier in Wechselausstellungen ihre Werke zeigt.

Schloss Wilanów, der schönste profane Barockbau Polens

Seite 31

** Schloss Wilanów

Eine längere Fahrt führt per Bus (Nr. 116, 180), Straßenbahn oder Taxi an die Stadtgrenze nach Wilanów. Die ehemalige Sommerresidenz von König Jan III. Sobieski, dem Sieger über die Türken bei Wien 1683 (Schlacht am Kahlenberg), liegt im äußersten Süden Warschaus (◷ Mi–Mo 9.30–14.30 Uhr).

Seite 31

Das **Schloss** gilt vielen als der schönste profane Barockbau Polens. Eingebettet in einen großzügig angelegten Park vermittelt die Anlage bis heute eine Atmosphäre höfischen Lebens. Vor allem ist hier eine berühmte Sammlung der polnischen Porträtmalerei vom 16. Jh. bis zum 19. Jh. sehenswert. Auch der **Schlosspark** hat einen ganz eigenen, wunderbaren Reiz.

Der internationale Ruf der polnischen Plakatschule verpflichtet beinahe zu einem Besuch des **Plakatmuseums** (◷ Di–So 10–16 Uhr), das in der ehemaligen Reitschule untergebracht ist. Anhand der Plakate lässt sich anschaulich Polens Geschichte der Nachkriegszeit verfolgen.

Praktische Hinweise

Vorwahl: 022

pl. Zamkowy 1/3,
☎ 6 35 18 81,
🖷 8 31 04 64.

Bristol, ul. Krakowskie Przedmieście 42/44,
☎ 6 25 25 25, 🖷 6 25 25 77. Das eleganteste Hotel Warschaus in frisch renoviertem Jugendstilhaus in ausgezeichneter Lage. ⓢ⟩⟩
Mariott, al. Jerozolimskie 65/79, ☎ 6 30 63 06, 🖷 6 30 52 39. Luxushotel im amerikanischen Stil. ⓢ⟩⟩
Victoria Intercontinental, ul. Królewska 11, ☎ 6 57 80 11, 🖷 6 57 80 57. Weißer Betonklotz mit allem Komfort am Großen Theater. ⓢ⟩⟩
Felix, ul. Omulewska 24, ☎ 8 10 06 91, 🖷 8 13 02 55. Großes Haus mit über 250 renovierten Zim-

mern, die allen Komfort bieten. Die ungünstige Lage auf der „falschen" Seite der Weichsel sorgt für niedrige Preise. ⓢ⟩
Dom Turysty Harenda, ul. Krakowskie Przedmieście 4/6, ☎ 8 26 00 71. Schlichte und preiswerte Zimmer direkt im historischen Stadtkern. ⓢ
⚠ ul. Żwirki i Wigury 32, ☎ 8 25 43 91.

Wilanów, ul. Wiertnicza 27 (in Wilanów), ☎ 8 42 18 52. Polnische und internationale Küche in stilvollem Ambiente, die Spezialität sind Wildgerichte. ⓢ⟩⟩
U Fukiera, Rynek Starego Miasta 27, ☎ 8 31 10 13. Eines der beliebtesten Restaurants Warschaus mit ausgezeichneter polnischer, jüdischer und französischer Küche. ⓢ⟩⟩
Belwedere (Łazienki, ul. Parkowej), ☎ 8 41 48 06. Ein Nobelrestaurant für Diplomaten mit undiplomatischen Preisen. Man zahlt für die schöne Umgebung. ⓢ⟩⟩
Bazyliszek, Rynek Starego Miasta 3/9, ☎ 8 31 18 41. Von dem einstigen Vorzeigerestaurant des sozialistischen Polens ist zumindest der herrliche Blick auf den Alten Marktplatz geblieben. ⓢ⟩
Świętoszek, ul. Jezuicka 6/8, ☎ 8 31 56 34. Ausgezeichnete, französisch angehauchte Küche in den gotischen Kellern der Altstadt.

Für vergnügliche Nachtstunden empfehlen sich: **Czternastka** (ul. Wąski Dunaj 20, ein Studentenkneipe in der Altstadt, bis 5 Uhr morgens) oder der **Irish Pub** (ul. Miodowa 3, mit irischer, Folk oder Country-Live-Musik); sich beim Tanzen Bewegung verschaffen können Sie im **Blue Velvet** (ul. Krakowskie Przedmieście 5, Techno-Club, Di Jazz) oder im Studentenclub **Stodoła** (ul. Batorego 10, Metro Pole Mokotowskie).

Warten auf Kundschaft: Straßenmaler in Krakau

***Kraków (Krakau)

Die wahre Hauptstadt Polens?

Wer es einrichten kann, kommt früh morgens nach Kraków (745 800 Einw.) und geht gleich zu Fuß in die Altstadt. Jeder einzelne Stein der tausendjährigen Stadt könnte eine Geschichte erzählen: von dem Drachen, der schöne Mädchen verspeiste, von einer gewissen Wanda, die sich weigerte, einen Deutschen zu heiraten und es vorzog, sich in die Weichsel zu stürzen, oder von der Königin Jadwiga, die wiederum gerade einen Deutschen liebte, aber aus Gründen der Staatsräson den wilden Heiden Jagiello ehelichen musste. Bevor Jadwiga vor Gram starb, schenkte sie ihre Königskrone der Universität Krakau und ließ sich selbst mit einer hölzernen Krone bestatten. 1997 ehrte der Papst die polnische Königin, indem er sie heilig sprach.

Glockengeläut erfüllt die morgendliche Luft, Tauben gurren und die ersten Studenten mischen sich unter die Betrunkenen der vergangenen Nacht. Die Blumenfrauen bauen ihre Stände auf und ein Restaurant, in dem schon vor 700 Jahren Könige Festmahle gaben, öffnet seine Pforten. Verstecke dich, Warschau, mit deinen architektonischen Imitaten und dem zur Show getragenen Heldentum! Vielleicht stimmt es doch, dass die wahre Hauptstadt des Landes hier liegt, wo der abbröckelnde Putz noch echt ist, wo das Theater und die Kabaretts noch ein begeistertes Publikum finden und ein bedächtiger, geschichtsbewusster Rhythmus herrscht.

Nowa Huta

In den 50er Jahren wurde am Stadtrand die riesige Stahlhütte Nowa Huta errichtet. Die 30 000 Stahlkocher sollten einen „proletarischen Gegenpol" zur alten Krakauer Intelligenz bilden. Für die unschätzbaren Baudenkmäler Krakaus ist Nowa Huta ein Fluch; hinzu kommt die Industrie Oberschlesiens in Kombination mit den häufigen Westwinden: Die schwefelhaltigen Abgase zerfressen die historische Bausubstanz.

Für die Stadtgeschichte sind zwei Daten wichtig: das Jahr 1000, in dem das Bistum Krakau gegründet und damit das Fundament für die Blüte der Stadt gelegt wurde, und das Jahr 1364, als die Jagiellonen-Universität Krakaus ins Leben gerufen wurde. Es war die erste des Landes und die zweite Mitteleuropas; bis heute ist Krakau der begehrteste Studienort junger Polen.

Seit dem 14. Jh. herrschten die polnischen Könige von Krakau aus über ihr Reich. Zwar war es mit der politischen Bedeutung der Stadt im 17. Jh. vorbei, doch als Kulturhauptstadt Polens konnte sich Krakau behaupten. Zwischen 1867 und 1914 gab es hier polnisches Schulwesen, Beamtentum und Schutzverbände, alles in Zeiten, als man sich in den Schulen Posens und Warschaus nicht einmal der Landessprache bedienen durfte. Durch eine glückliche Fügung entging das von den Nationalsozialisten bereits zur Sprengung vorgesehene Krakau dem Schicksal der Hauptstadt und überstand den Zweiten Weltkrieg unbeschadet.

***Die Altstadt

Bei einem Gang durch Krakaus Altstadt und den Wawelberg, bei dem Besuch der historischen Gebäude scheint man etwas von der langen Geschichte Krakaus zu spüren. Vorbei an der *Barbakane ❶, einer runden Vortorbefestigung aus dem 15. Jh., betritt man die Altstadt durch das *Florianstor (brama Floriańska). Es ist das einzige erhaltene Tor der alten Stadtmauer, die Anfang des 19. Jhs. abgerissen wurde und in deren ehemaligen Verlauf eine Grünanlage, Planty, angelegt wurde. Das Tor und die sich anschließenden Mauerreste mit Wehrtürmen stammen aus dem 13. und 14. Jh. Heute nutzen Künstler die Reste der Stadtmauer als Freilichtgalerie für ihre Werke, die selbstverständlich zum Verkauf stehen. Von Stadtansichten in allen möglichen Stilvarianten bis zur weinenden Zigeunerin findet man hier alles, was Maler erschaffen. An der Mauer entlang kommt man zum Czartoryski Palais ❷. Es beherbergt eine beachtliche Sammlung italienischer, deutscher und niederländischer Meister, darunter die weltberühmte „Dame mit Hermelin" von Leonardo da Vinci (🕐 Fr 12–17.30, Sa–Di 10–15.30 Uhr).

Am Florianstor beginnt die Floriansgasse (ul. Floriańska), eine belebte Fußgängerpromenade.

Blick über den Marktplatz auf Tuchhallen und Marienkirche

Marienkirche

**Der Marktplatz

Der Krakaubesucher steht nun auf dem riesigen Krakauer Marktplatz (Rynek Główny). Unter den mittelalterlichen Marktplätzen Europas ist nur der Markusplatz in Venedig größer. Die schon fast berühmten Krakauer Blumenfrauen breiten ihre farbenprächtige Ware aus, Kinder bekommen Zuckerwatte oder die typischen Teigkringel in die Hand, die aus gläsernen Wägelchen verkauft werden. Man sitzt in den umliegenden Cafés, die bei den ersten Sonnenstrahlen ihre Tische herausstellen, oder diskutiert in kleinen Grüppchen die Neuigkeiten des Tages.

Mitten auf dem Platz stehen die *Tuchhallen (Sukiennice) ❸, deren ursprüngliche Handelsfunktion bis heute

Tipp

Bevor Sie dem Strom der Touristen und Einheimischen bis zum Marktplatz folgen, kehren Sie in das traditionsreiche Künstlercafé „Jama Michalikowa" (ul. Floriańska 45) ein und trinken einen Café Advokat in der anheimelnd-plüschigen Atmosphäre dieses Cafés im Wiener Sezessionsstil. Selbst in Wien wird man vergeblich nach etwas Vergleichbarem suchen. Um 1900 trafen sich hier Maler, Schriftsteller und Musiker. Oft beglichen sie ihre Schulden mit der einen oder anderen Zeichnung – sehr zur Freude der heutigen Besucher.

erhalten blieb. Der Komplex stammt aus dem 14. Jh., wurde aber in der Renaissance so kunstvoll umgestaltet, dass der Bau Vorbildcharakter erhielt.

Seite 39

Nur die wenigsten werden es schaffen, die **Tuchhallen** zu durchqueren, ohne an einem der zahlreichen Stände etwas von den Kitsch- oder Kunstgegenständen zu kaufen. Vielleicht findet sich ja das eine oder andere Souvenir. Besonders schön und sehr typisch sind die naiven Holzschnitzereien, die meist christliche Motive darstellen.

Tipp Wer anspruchsvolle **Jazzmusik** mag, ist bei Piwnica pod Jaszczurami (Rynek Główny 7/8) bestens aufgehoben.

Beim Verlassen der Tuchhallen fällt der Blick auf die kleine *Adalbertkirche* (kościół św. Wojciecha), die sich wie verloren auf dem riesigen Platz ausnimmt. Die z. T. aus dem 10. Jh. stammende Kirche ist wesentlich älter als die planmäßig angelegte Stadt mit ihrem Markt. Eine Ausstellung im Kellergeschoss informiert über die tausendjährige Geschichte des Hauptmarktes.

Das Krakauer *Rathaus* wurde nach einem Brand Anfang des 19. Jhs. abgerissen. Und so steht heute nur noch der gotische Rathausturm auf dem Marktplatz.

Patrizierhäuser aller Epochen säumen den Rynek Główny. Die Ostseite des Platzes begrenzt ein imposantes Gotteshaus: die * **Marienkirche** ❹. Charakteristikum der dreischiffigen Basilika aus dem 14. Jh. sind die beiden unterschiedlich gestalteten Türme. Jede Stunde ertönt vom linken Turm die berühmte Trompetenfanfare, die im 13. Jh. die schlafende Stadt vor dem drohenden Mongoleneinfall warnte, bis ein Mongolenpfeil die Kehle des Trompeters durchbohrte und die Melodie jäh abbrach. Und bis heute endet sie abrupt. Die Marienkirche besitzt mit ihrem berühmten ** *Hauptaltar* ein Juwel spätgotischer Schnitzkunst. Der Nürnberger Veit Stoß, den man für diesen Auftrag eigens nach Krakau gerufen hatte, schuf den Flügelaltar von 1477 bis 1489. Mit seinen 13 m Höhe ist er der größte mittelalterliche Altar überhaupt. Stoß blieb als hochgeschätzter Meister fast 20 Jahre in der polnischen Hauptstadt. Unbestritten ist die Qualität seines großen Werkes. Täglich um 12 Uhr wird der Marienaltar feierlich geöffnet (bis 18 Uhr). Dann entfaltet sich auf der Mitteltafel, die eindrucksvoll den Tod der Gottesmutter zeigt, Stoß' ganzes Können.

Unter den Cafés führt zweifelsohne **Jama Michalikowa** (ul. Florianska 45, s. S. 37) die Rangliste an. Es ist gleichzeitig ein ernstzunehmender Programmpunkt

Bücherwürmer

Bildbände über das alte und neue Krakau, daneben auch deutschsprachige Bücher finden Sie in der großen Buchhandlung „Odeon" am Krakauer Markplatz (Rynek Główny 5), die erst um 21 Uhr, im Sommer häufig erst um 22 Uhr ihre Pforten schließt. Eine andere bibliophile Freude bereiten die zahlreichen Antiquariate der Altstadt (ul. Floriańska 15, ul. św. Tomasza 8 und 26, ul. Stolarska 8/10, ul. Bracka 6 und Szpitalna 7/4 sowie 19). Kunstabteilungen laden ein, in den mehr oder weniger verstaubten Volumina zu blättern.

❶ Barbakane
❷ Czartoryski Palais
❸ Tuchhallen
❹ Marienkirche
❺ Collegium Maius
❻ Franziskanerkirche
❼ Peter- und Paulkirche
❽ Wawelberg
❾ Alte Synagoge
❿ Jüdischer Friedhof

Seite 39

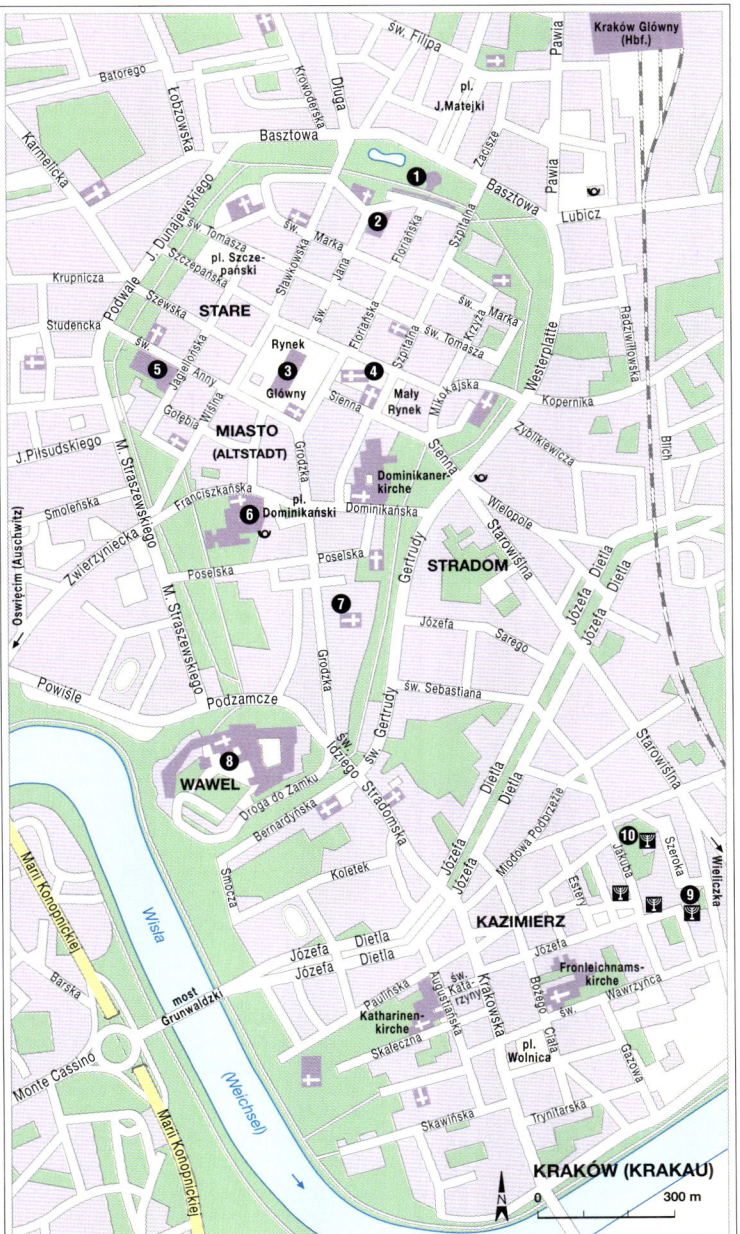

KRAKÓW (KRAKAU)

N

0   300 m

bei Stadtbesichtigung: Abends finden hier oft Kabarettvorstellungen statt.

*Collegium Maius ❺

Nun geht es vom Hauptmarkt zu dem ältesten noch erhaltenen Gebäude der Universität, dem Collegium Maius. Noch heute finden in dem Gebäude der nach Prag zweitältesten Universität Mitteleuropas (1364) mit schönem gotischen Arkadenhof Vorlesungen und Diplomfeiern statt. Im *Universitätsmuseum* sind Erinnerungsstücke an die prominentesten Studenten zu besichtigen, zu denen Nikolaus Kopernikus zählte (Mo–Sa 12–14 Uhr, Reservierung ☎ 4 22 05 49).

Von der Altstadt zum Wawel

Zurück auf dem Altstadtmarkt folgt der Besucher jetzt der ulica Grodzka in Richtung Wawelschloss und gelangt zur *Franziskanerkirche ❻, die sich durch eine etwas gewagte Stilkombination auszeichnet. Den gotischen Raum schmücken Jugendstilfenster des polnischen Fin-de-siècle-Genies Stanisław Wyspiański (1869–1907).

Traurige Vergangenheit

In das Gedächtnis der Krakauer hat sich die sogenannte Sonderaktion Krakau gebrannt. Unter dem Vorwand, das Akademische Jahr feierlich eröffnen zu wollen, lockten die Nazis 1939 183 Professoren und wissenschaftliche Mitarbeiter der Krakauer Hochschulen in das Collegium Novum der Universität, um sie dann ins KZ Buchenwald zu schleppen. Obwohl die Wissenschaftler aufgrund weltweiter Proteste 1940 zum großen Teil freikamen, wurden 28 erschossen bzw. starben im Lager oder kurz nach der Entlassung an den Folgen der Gefangenschaft.

Das Innere der mächtigen gotischen *Dominikanerkirche vis-à-vis wurde nach einem Brand 1850 im neugotischen Stil gestaltet. Unter den erhaltenen Stücken der alten Ausstattung fällt die bronzene Grabplatte von Filippo Buonaccorsi (ca. 1496) auf. Der Entwurf, in dem sich bereits Stilmerkmale der Renaissance ankündigen, stammt von dem bereits aus der Marienkirche bekannten Veit Stoß.

Auf dem Weg zum Wawelberg, begleitet von Straßenmusikanten, die sich hier ein Zubrot verdienen, kann man der *Peter- und Paulkirche ❼ einen Besuch abstatten. Immerhin ist sie die erste Barockkirche Polens. Der Architekt orientierte sich bei diesem für die Jesuiten bestimmten Gotteshaus an der berühmten römischen Jesuitenkirche Il Gesù.

*** Der Wawel ❽

Nun steht man unter dem Wawelberg mit seiner großartigen Anlage. Stilistisch unterschiedliche Baukörper fügen sich zu einem erstaunlich harmonischen Komplex zusammen. Der **Dom** ist für die Polen nicht nur von religiöser, sondern vor allem von patriotischer Bedeutung, denn seit 1320 wurden hier über viele Jahrhunderte hinweg die polnischen Könige gekrönt. Sie ruhen in den *Krypten* des Doms, vereint mit Kirchenfürsten und Nationalhelden. Im Innern der Kirche sind zahlreiche Grabkapellen zu bewundern, u. a. die Heilig-Kreuz-Kapelle (Kaplica Świętokrzyska) mit ruthenisch-byzantinischen Fresken und dem marmornen Grabmal von Kasimir IV., einem Werk von Veit Stoß. Die beachtlichste Kapelle ist jedoch zweifellos die *Sigismund-Kapelle* (Kaplica Zygmuntowska) mit einer in reinem Gold erstrahlenden Kuppel. Einigen Kunsthistorikern zufolge ist sie der schönste Renaissancebau nördlich der Alpen.

Etwas Kondition verlangt die Besteigung des Domturmes. Kreuz und quer führt eine Holztreppe durch das Gewirr

Seite 39

der Dachbalken bis zur Sigismund-Glocke (dzwon Zygmunta). Die 1520 gegossene Glocke wurde in den letzten Jahrhunderten nur wenige Male bei besonderen historischen Ereignissen geläutet. Heute berühren Touristen die Klöppel mit der linken Hand, denken dabei an ihre geheimsten Wünsche und hoffen, diese werden – wie eine Legende verspricht – alsbald in Erfüllung gehen. Wie dem auch sei, auf jeden Fall hat man aus einem Fenster auf der Höhe der Glocke einen schönen Ausblick über die Stadt.

Das **Königsschloss** lässt es an Pracht und Prunk nicht mangeln, war es doch über Generationen die Residenz der polnischen Herrscher. Innen wie außen beeindrucken Kunstwerke aus verschiedenen Jahrhunderten. Der heute den Außenbau dominierende Renaissancestil geht auf einen Umbau von Anfang des 16. Jhs. zurück. Dieser Maßnahme verdankt der arkadengefasste *Schlosshof* seine Ausgestaltung, die in ihrer Eleganz und den harmonischen Proportionen sicherlich zu den herausragenden Beispielen in Europa zählt.

Die **Staatlichen Kunstsammlungen,** die heute im Schloss untergebracht sind, erschlagen den Besucher in ihrem Umfang beinahe: Goldene Schwerter, Königsinsignien, Schmuckstücke, militärische Ausrüstungen bis hin zu urtümlichen Hieb- und Stichwaffen, aber auch Uhren, Möbel, Keramiken gehören dazu. Den wertvollsten Teil machen 136 Gobelins aus, die der letzte Jagiellonen-König, Sigismund II. August, nach 1553 in Flandern anfertigen ließ (○ Di, Do, Sa, So 10–15, Mi, Fr 10–16 Uhr).

Kazimierz

Als wirtschaftliche Konkurrenz zu der stolzen Patrizierstadt Krakau sollte nach den Ideen Kasimirs des Großen im 14. Jh. die Stadt Kazimierz angelegt werden. Auch wenn die Bedeutung Kazimierz nie so groß wurde, lebten diese

Seite
39

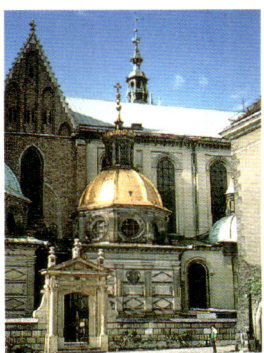

Die Sigismund-Kapelle mit ihrer goldenen Kuppel

Mächtige Mauern und Türme: der Krakauer Wawel

Prächtige Gobelins sind Teil der Staatlichen Kunstsammlungen

Seite
39

Die jüdische Gemeinde

Die jüdischen Gebäude von Kazimierz überlebten die Zerstörungswut der Nationalsozialisten, da diese hier das Museum der – wie es offiziell hieß – „untergegangenen Rasse" gründen wollten. Von den 68 000 (1938) jüdischen Bewohnern von Kazimierz überlebten nur einige hundert die Vernichtungslager, nicht zuletzt dank des „Gerechten", Oskar Schindler, der erst seit „Schindlers Liste" von Steven Spielberg weltweit bekannt geworden ist.

zwei getrennten Städte jahrhundertelang nebeneinander, bis Kazimierz ein Stadtviertel Krakaus wurde. Berühmtheit erlangte Kazimierz seit 1495 als Wohnstätte der jüdischen Bevölkerung. Das *Jüdische Museum,* das sich in der ehemaligen ✳**Alten Synagoge** (Stara Synagoga) ❾ befindet, erinnert an die große vernichtete jüdische Kultur (🕒 Mi, Do, Sa, So 9–15, Fr 11–18 Uhr, erster Sa, So im Monat geschl.). Der nahe gelegene *Jüdische Friedhof* ❿ wurde 1533 angelegt und ist neben Prag der einzige erhaltene Renaissancefriedhof der Juden Europas.

Praktische Hinweise

Vorwahl: 012

ul. Pawia 8,
☎ 4 22 60 91,
🖷 4 22 04 71.

Forum, ul. Konopnickiej 28,
☎ 2 66 95 00, 🖷 2 66 58 27. Modernes Haus gegenüber dem Wawel (Ausblick). Ⓢ〉〉
Francuski, ul. Pijarska 13,
☎ 4 22 51 22, 🖷 4 22 52 70. Ein komfortabel ausgestattetes Traditionshotel von 1912, das 1991 in altem Glanz renoviert wurde. Ⓢ〉〉
Grand, ul. Sławkowska 5/7,
☎ 4 21 72 55, 🖷 4 21 83 60. Das ge-

diegene Haus erstreckt sich über mehrere Altstadthäuser. Ⓢ〉〉
Demel, ul. Głowackiego 22,
☎ 6 36 16 00, 🖷 6 36 45 43. Der Besitzer kümmert sich selbst um die Gäste. Ⓢ〉
△ **Krak,** ul. Radzikowskiego 99,
☎ 6 37 21 22.

Wierzynek, Rynek Główny 15, ☎ 4 22 10 35. Hier tafelten schon 1364 Kaiser, Könige, Herzöge und Fürsten. Die Preise für das altpolnische Essen sind auch wahrhaft königlich. Reservierung notwendig. Ⓢ〉〉
Staropolska, ul. Sienna 4,
☎ 4 22 58 21. Hier bietet man einfache, gute polnische Küche. Ⓢ〉

Ausflüge

Die Vorortbahn oder der Bus führen nach *Wieliczka* (20 km). Das gleichnamige ✳✳**Salzbergwerk** zieht mit seinen phantastischen Salzskulpturen und den ins Salz geschlagenen unterirdischen Kathedralen seit 250 Jahren Besucher an. Es kommen jährlich über 300 000 Gäste in die von der UNESCO zum Weltkulturerbe erklärten Anlage und lassen sich in den engen Fahrstuhlkörben viele hundert Meter in die Tiefe fahren. Bereits im 12. Jh., möglicherweise auch schon vor dem Jahr 1000, wurde in Wieliczka Salz abgebaut. Auf

Unterhaltungstipp

Die originelle Kellerkneipe „Pod Baranami" („Zu den Widdern", Rynek Główny 27, 🕒 Mo–So 20–2 Uhr) bietet außer Live-Musik und einem Bier in stimmungsvoller Umgebung polnisches Kabarett. Auch wer der Sprache nicht mächtig ist, bekommt hier einen guten Eindruck von der Atmosphäre des modernen, intellektuellen Kraków, das von Studenten, Schriftstellern, Musikern und anderen Künstlern geprägt ist.

jeden Fall ist es das älteste erhaltene Salzbergwerk der Erde (🕐 tägl. 8–16, im Sommer bis 18 Uhr).

Ein Ausflug gänzlich anderer Art erwartet den Polenreisenden gute 50 km westlich von Krakau. Für deutsche Besucher mag es viel Kraft und Überwindung kosten, mit dem düstersten Kapitel ihrer Geschichte auf so direkte Weise konfrontiert zu werden. Aber dennoch gehört ein Besuch von **Oświęcim (Auschwitz)** zum Pflichtprogramm. Die Stadt als solche ist ohne Belang, doch wird es auf der ganzen Welt ohnehin niemanden geben, der bei dem Wort „Auschwitz" an die Industriestadt zwischen Krakau und Oberschlesien denkt.

Seite 39

Statt dessen wird Auschwitz immer Synonym für den grauenvollsten Völkermord der Geschichte bleiben. Die Gedenkstätte auf dem KZ-Gelände sowie die zweite Gedenkstätte in dem Vernichtungslager *Birkenau (Brzezinka)*, 4 km westlich, gemahnt an die ungefähr 1,5 Mio. Menschen, die hier dem nationalsozialistischen Rassenwahn zum Opfer fielen. Während zu den etwa 100 000 Opfern von Auschwitz die polnische intellektuelle Elite, sowjetische Kriegsgefangene sowie Vertreter zwei Dutzend anderer Nationen zählen, wurden in Birkenau weit über eine Million Menschen jüdischer Herkunft vergast. Wer mehr Hintergrundinformationen bekommen möchte und mit seinen Gefühlen an diesem Ort nicht allein sein will, kann sich einer Führung anschließen, aber auch die Sachlichkeit des Fremdenführers vermindert das Grauen nicht. Kindern unter 13 Jahren ist der Besuch verwehrt (🕐 tägl. 8–15, März, Nov. bis 16, April, Okt. bis 17, Mai, Sept. bis 18, Juli, Aug. bis 19 Uhr).

Auschwitz – ein Ort des Grauens

**Gdańsk (Danzig)

Vom Deutschen Orden zur Solidarność

Wenn der Seewind von der Danziger Bucht her landeinwärts bläst und man zwischen den alten Backsteinmauern der Stadt (463 600 Einw.) umherschlendert, meint man, etwas von den alten Hansezeiten zu spüren. Und tatsächlich zeigt sich die Danziger Altstadt heute wieder in der alten Pracht, in der sie die reichen Kaufleute einst errichteten, denn mit Danzig haben die polnischen Restauratoren ihr Meisterstück vollbracht.

Wie alt die traditionsreiche Stadt wirklich ist, weiß niemand genau. Klar ist nur, dass „Gydanyzc" als Wehrsiedlung an der Mündung der Mottlau (Motława) in die Weichsel und als slawischer Fürstensitz schon im Jahr 997 Erwähnung fand. Man nahm dieses Datum 1997 zum Anlass für eine 1000-Jahr-Feier. Das Stadtrecht wurde 1326 verliehen; damals war Danzig bereits internationales Handelszentrum und Mitglied des Hansebunds. 1308 brachte der Deutsche Orden Danzig in seinen Besitz.

Nach dem Niedergang des Deutschen Ordens vereinigten sich die eigenständigen Städte und unterstellten sich 1454 der polnischen Krone, wobei das so entstandene Danzig den Status einer Freien Stadt mit zahlreichen Privilegien aushandeln konnte. Die Symbiose mit Polen brachte Danzig darüber hinaus eine enorme wirtschaftliche Blüte. Von diesem Reichtum zeugen die prachtvollen Bauwerke, mit denen sich die damals größte Stadt Polens im 16. und 17. Jh. schmückte. Die Stadt teilte

die Geschicke der polnisch-litauischen Monarchie, bis sie in der Zweiten Polnischen Teilung 1793 preußisch wurde.

Von 1920 bis 1939 war das mehrheitlich von Deutschen bewohnte Danzig zusammen mit den umliegenden Gebieten des Weichselwerders eine Freistadt, in der der Vertreter des Völkerbundes residierte. Der Zweite Weltkrieg endete für die Stadt verheerend – 90 % der historischen Bausubstanz waren zerstört.

** Die Rechtstadt

Wer sich heute auf einen Rundgang durch die wiedererrichtete Rechtstadt (Główne Miasto) begibt, kann kaum glauben, dass all das noch vor knapp 50 Jahren ein einziges großes Trümmerfeld war. Man betritt die Rechtstadt an der westlichen Seite durch das prachtvolle, 1588 errichtete *Hohe Tor (Brama Wyżynna) ❶. Hier beginnt der sogenannte *Königsweg, auf dem einst die Herrscher Einzug in die Stadt hielten. Durch das *Goldene Tor ❷, einen manieristischen Bau von besonderer Pracht, betritt man nun die *Langgasse (ulica Długa). Bevor man dem Königsweg weiter in Richtung Mottlau folgt, bietet sich ein Abstecher zum *Großen Zeughaus (Wielka Zbrojownia) ❸ an, einem schönen manieristischen Bau.

Tipp Im Juli und August spielen Theater aus ganz Europa im „Teatr Wybrzeża" am Targ Węglowy 1 (☎ 3 01 70 21) ihre besten **Shakespeare-Inszenierungen**.

Zurück auf der Langgasse zeugen die schönen Patrizierhäuser vom Reichtum ihrer Bauherren, die sich hier repräsentative Wohnhäuser errichten ließen. Das wohl schönste ist das Uphagen-Haus (ul. Długa 12, ⏰ im Sommer tägl. 10–16 Uhr).

Das *Rechtstädtische Rathaus ❹ (Ratusz Głównego Miasta) am Ende der Langgasse ist ein gotischer Backsteinbau, der um 1600 umgestaltet wurde.

Schauen Sie sich die Innenräume an, die aufwändig restauriert wurden und heute das *Museum der Stadtgeschichte* beherbergen (🕐 Di–Sa 10–17, So 11–15 Uhr). Der *Rote Saal* übertrifft an Prachtentfaltung alles andere, große Bilder überziehen Wände und Decke. Das Interieur ist weitgehend original.

Die Langgasse mündet auf den **** Langen Markt** (Długi Targ) ❺, eine breite Straße, die von hübschen Bürgerhäusern mit Fassaden verschiedener Stilepochen gesäumt wird.

Ins Auge sticht ein Haus, dessen Fenster die gesamte Höhe des Unterbaus einnehmen. Es ist der *Artushof,* der den Danziger Patriziern als repräsentativer Rahmen für ihre Versammlungen diente. Davor versinnbildlicht der Neptunbrunnen aus dem 17. Jh. die Bedeutung Danzigs als Seemacht.

Das benachbarte *Goldene Haus* (Złota Kamienica) trägt seinen Namen zu Recht, die goldverzierte und mit plastischem Dekor beinahe überladene Fassade ist augenfällig.

Der Lange Markt

Seite 47

Die Astronomische Uhr in der Marienkirche

Der „Lachs" und das „Goldwasser"

1704: Danzig ist eine bedeutende Handelsmetropole und Treffpunkt der Kaufleute aus ganz Europa. Um diesen reichen und kultivierten Männern eine Alternative zu den Matrosenspelunken zu bieten, macht ein holländischer Wirt ein Gasthaus auf, um Gutbetuchten einen standesgemäßen Rahmen zur Abwicklung ihrer Geschäfte zu bieten: das Gasthaus „Zum Lachs". Bald reichte der Ruhm des Hauses von Hamburg bis Nowgorod. Wann immer einen Kaufmann die Reise nach Danzig führte, kehrte er im „Lachs" ein. Unsterblich wurde der Name des Lokals durch das legendäre „Danziger Goldwasser", das hier erfunden wurde. Das Besondere dieses klaren Kräuterlikörs sind die Flocken Blattgoldes, die in ihm gelöst werden, aber keinen Einfluss auf den Geschmack haben. Gasthaus wie Likör haben die Wirren der Jahrhunderte überstanden und stehen heute wieder für die lange Tradition der Stadt. Der „Lachs" wurde nach dem Krieg kunstvoll restauriert. Die neuen Reichen haben an die alte Tradition angeknüpft und treffen sich hier mit ihren ausländischen Geschäftspartnern. Auch das „Danziger Goldwasser" glitzert wieder in den charakteristischen eckigen Flaschen. Allerdings befindet sich heute die Fabrik nicht mehr in Danzig, sondern in Posen und die deutschen Danziger, die kurz vor Kriegsende nach Westen flohen, nahmen in ihrem wenigen Gepäck das Rezept für den kostbaren Trunk mit, so dass heute auch in Preetz bei Kiel „Original Danziger Goldwasser" abgefüllt wird.

Schiffsausflug

Von der Anlegestelle der Ausflugsdampfer (przystań Zielona Brama)
direkt am Grünen Tor kann man einen Schiffsausflug machen: vorbei
an den Werften, an der alten Festung Weichselmündung zum Monu-
mentaldenkmal auf der Westerplat-
te. Es erinnert an den Ausbruch des
Zweiten Weltkriegs, an die siebentä-
gige Verteidigung eines polnischen
Munitionsdepots auf der Halbinsel
durch 182 Soldaten gegen die über-
mächtige deutsche Wehrmacht.

Seite 47

Das **Grüne Tor** ❻ an der Ostseite des
Langmarktes bildet den Abschluss des
Königsweges zur Mottlau hin. Der
Blick schweift hinüber auf die Spei-
cherinsel mit dem *Milchkannentor* ❼.
Die an Milchkannen erinnernden
Rundtürme gaben dem Tor seinen un-
gewöhnlichen Namen.

Auf der Uferpromenade der alten Kai-
gasse (Długie Pobrzeże) führt der Weg
vorbei am *Brotbänkentor* (Brama
Chlebnicka) aus dem 15. Jh. und dem
Frauentor (Brama Mariacka), in dem
jetzt das Archäologische Museum untergebracht ist. Der Hafenkai war schon
seit jeher nicht nur Warenumschlag-
platz, sondern auch Treffpunkt. Heute
tummeln sich hier Bernsteinverkäufer,
die Zukunft weissagende Romafrauen,
deutsche „Heimattouristen", betrügen-
de Geldwechsler und Pfadfinder auf
Exkursion.

 Ein schönes Geschenk sind
Bildbände über die Natur-
landschaft in Masuren oder
über Kunstdenkmäler (der Band „Danzig, wie es war" mit hervorragenden
Archivbildern ist empfehlenswert). Eine gute **Buchhandlung** lädt am Langen
Markt (neben dem Grünen Tor) ein,
man sollte das bekannteste Danziger
Antiquariat besuchen (ul. Św. Ducha,
Ecke ul. Grobla, nahe an der Marienkirche).

Durch das Frauentor geht es auf die
ehemalige *Frauengasse (ul. Mariacka)
❽. Dem Besucher fallen vor den Häusern terrassenartige Vorbauten auf: Die
sogenannten Beischläge waren einst
charakteristisches Merkmal der Ostsee-
städte. Hier hielten sich die Danziger
Bürger auf, um zu sehen und gesehen
zu werden. Heute haben sich hier Galerien und Kunstläden eingerichtet. Hier
wurden Thomas Manns „Budden-
brocks" verfilmt, da man in Lübeck
nach einer solchen Gasse vergeblich
gesucht hatte.

Die ****Marienkirche** ❾ ist mit einer
Gewölbehöhe von fast 30 m eines der
größten Gotteshäuser Europas. Die gotische Hallenkirche wurde in den Jahren 1343 bis 1502 erbaut. Sie bietet fast
25 000 Gläubigen Platz. Bei einem
Brand im Jahre 1945 stürzte der Groß-
teil des schönen Gewölbes ein. Der
Wiederaufbau wurde erst vor wenigen
Jahren abgeschlossen. Der mächtige
Backsteinbau gleicht oft genug eher einem riesigen Touristentreff als einer
Andachtsstätte. Im Inneren der Marienkirche lässt sich ein technisches
Wunderwerk des 15. Jhs., bestaunen:
die große Astronomische Uhr (s. Abb.
S. 45).

 Man trift in Danzig unzählige
Bernsteinläden und -stände.
Die goldene Regel besagt, je

❶ Hohes Tor
❷ Goldenes Tor
❸ Großes Zeughaus
❹ Rechtstädtisches
Rathaus
❺ Langer Markt
❻ Grünes Tor
❼ Milchkannentor
❽ Frauengasse
❾ Marienkirche
❿ Krantor
⓫ Katharinenkirche
⓬ Brigittenkriche
⓭ Altstädtisches Rathaus
⓮ Denkmal für die gefallenen Werftarbeiter

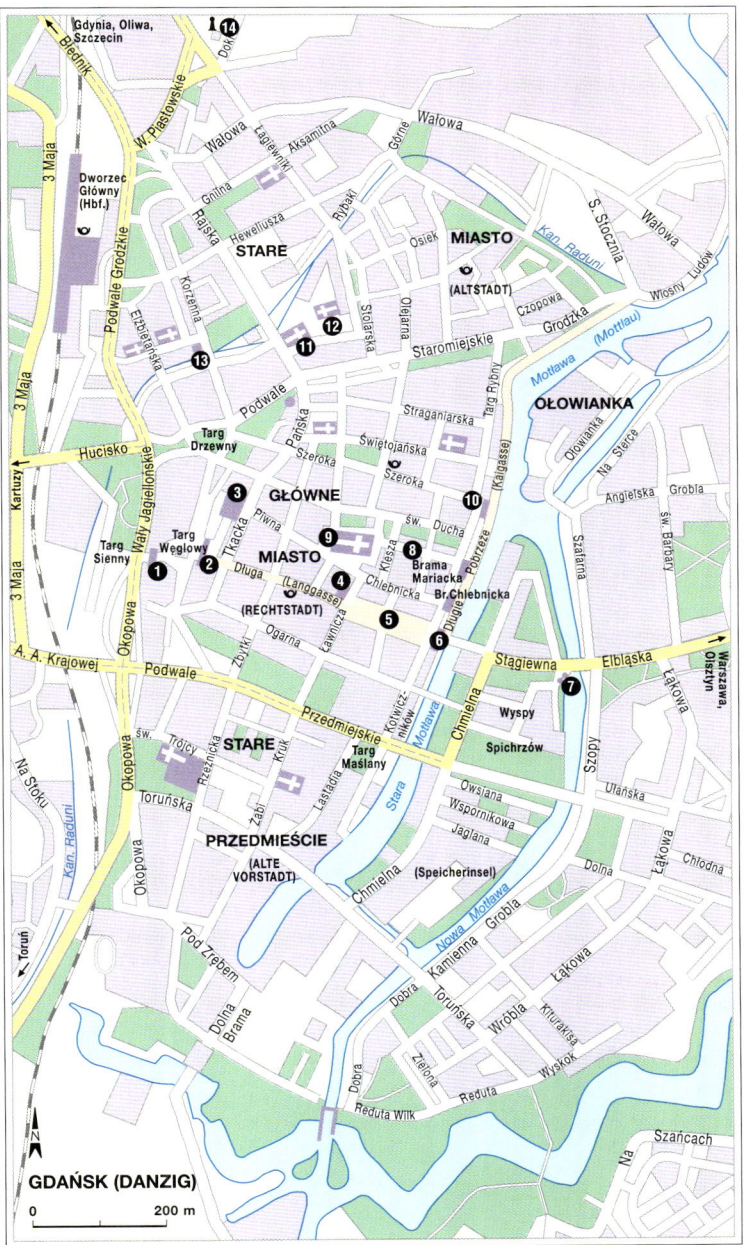

GDAŃSK (DANZIG)

0   200 m

größer und seriöser ein Laden aussieht, desto größer ist die Wahrscheinlichkeit, kein Plastikimitat zu erwerben. Die schönsten Bernsteinerzeugnisse bieten die Läden auf der ul. Mariacka (ehem. Frauengasse) oder im großen Geschäft direkt hinter der Marienkirche (Arbisz, ul. Szewska 1/4), wo der Schmuck von namhaften Künstler angeboten wird.

Seite 47

Zurück auf der Hafenpromenade hat man schon bald das ✶**Krantor** (Żuraw) ❿ aus dem 15. Jh. erreicht, das Wahrzeichen Danzigs. Dieser gewaltige Hafenkran gilt als eines der größten erhaltenen Industriegebäude des Mittelalters; heute ist darin ein Seefahrtsmuseum untergebracht. Es ist bezeichnend für die Handelsstadt, daß sie einen Profanbau zum Wahrzeichen hat.

Die Altstadt

Nach ein paar Fußminuten in nördliche Richtung erreicht man die ehemalige Altstadt, die im Gegensatz zur Rechtstadt nicht originalgetreu wieder aufgebaut wurde. In der Hauptkirche der Altstadt, der **Katharinenkirche** ⓫, hat Johann Hevelius (1611–1687), der Vater der Mondbeschreibung, seine letzte Ruhe gefunden. Da die Astronomie Hevelius wenig Geld einbrachte, betätigte er sich gleichzeitig als Bierbrauer.

Die direkt dahinter gelegene ✶**Brigittenkirche** ⓬ ging als „Solidarność-Kirche" in die jüngste polnische Geschichte ein: Hier versammelte sich während der Zeit des Kriegsrechts die antikommunistische Opposition zum Gottesdienst, der nicht zuletzt ein Ausdruck des politischen Ungehorsams war.

Am 1595 fertiggestellten **Altstädtischen Rathaus** (ratusz Starego Miasta) ⓭ endet der Stadtrundgang in der Nähe des Hauptbahnhofes.

Wer Lust hat, geht auf einem kleinen Umweg in Richtung des Werftgeländes zu einem der eindrucksvollsten Denkmäler Nachkriegspolens: dem **Denkmal für die gefallenen Werftarbeiter** (pomnik Poległych Stoczniowców") ⓮. Die drei monumentalen Kreuze, die nahe dem Tor 2 der Danziger Werft in die Höhe ragen, erinnern an die 28 Toten, die hier nach der Niederschlagung des Streiks vom Dezember 1970 zu beklagen waren. Das Denkmal wurde 1980 von der „Solidarność" aufgestellt.

Praktische Hinweise

Vorwahl: 058

 ul. Heveliusza 27, ☎ 3 01 43 55, 🖷 3 01 66 37.

 Hevelius, ul. Heveliusza 22, ☎ 3 01 56 31, 🖷 3 01 19 22. Modernes Hochhaus, das bereits in den 70er Jahren v. a. von Skandinaviern bevorzugt wurde. Ⓢ〉〉
Marina, ul. Jelitkowska 20, ☎ 5 53 20 79, 🖷 553 04 60. Gilt als Haus des höchsten Standards und liegt im Grünen. Ⓢ〉
Novotel, ul. Pszenna 1, ☎ 3 01 56 11-18, 🖷 3 01 56 19. Die günstige Lage in der Nähe des Langen Marktes versöhnt mit dem Autolärm. Ⓢ〉〉
Posejdon, im Stadtteil Jelitkowo, ul. Kapliczna 30, ☎ 5 53 18 03, 🖷 5 53 02 28. Für die Aussicht auf einen Strandspaziergang nimmt man die 12 km vom Stadtzentrum in Kauf. Ⓢ〉〉
Jantar, ul. Długi Targ 19, ☎ 3 01 95 32. Preiswert, direkt am Langen Markt gelegen. Ⓢ
⚠ im Stadtteil Jelitkowo, ul. Jelitkowska 32, ☎ 5 53 27 31.

 Pod Łososiem, ul. Szeroka 51/54, ☎ 3 01 76 52. Das traditionsreichste Restaurant der

Stadt (s. Sondertext, S. 45). Reservierung ratsam. ⑤〉〉
Tawerna, ul. Powroźnicza 19/20, ☎ 3 01 41 14. Altpolnische Küche in der Altstadt. ⑤〉

Häufig wird in der Studentenkneipe **Żak** in einem Neorenaissance-Gebäude unweit des Bahnhofs (ul. Wały Jagielońskie) live gejazzt.

Ausflüge

Per Taxi geht es zu einem Ausflug in die Vorstädte Oliva (oder Bus Linie A, Straßenbahn Linie 6), Zoppot und Gdingen. **Oliwa (Oliva),** heute eingemeindeter Stadtteil Danzigs, ist eine Gründung der Zisterzienser aus dem Jahre 1188. Berühmt ist der Ort für seine ** *Kathedrale.* Der mehrfach umgestaltete Bau geht auf das 13. Jh. zurück und war ursprünglich die Klosterkirche. Von der einmaligen Akustik kann man sich überzeugen, wenn die barocke * *Orgel* gespielt wird (stündlich Mo–Sa 11 bis 16, So 15–17 Uhr).

Kurz hinter Oliva beginnt ***Sopot** (Zoppot, 50 000 Einw.), einst eines der mondänsten Seebäder und Kurorte des Deutschen Reiches. Obwohl man den Villen ihre Vergangenheit ansieht, zeugen sie doch noch vom einstigen Lebensstil der Hautevolee. Die Mole ragt zwar wieder wie einst 500 m ins Meer, doch an die alten Zeiten wird Zoppot so lange nicht anknüpfen können, wie die Bucht zu schmutzig zum Baden ist.

Tipp Das **Festival des Liedes** in Sopot findet alljährlich im Juli in der Waldoper aus dem Jahr 1909 statt, die nach dem Krieg ausgebaut wurde und wo vor 1945 Wagner-Festivals veranstaltet wurden (Opera Leśna, ul. Moniuszki 12, ☎ 5 51 18 12).

Tipp Es lohnt sich, auch mal nach **Gdynia** (Gdingen) zu fahren. Hier werden im „Teatr Muzyczny" (pl. Grunwaldzki, ☎ 6 20 95 21) sehenswerte Musicals – darunter „Anatevka" oder „Les Miserables" – aufgeführt.

Das Mottlau-Ufer mit dem Krantor

Seite 47

Blick über die Stadt auf die Werft

Hochzeitsgesellschaft vor der Kathedrale in Oliwa

Literaturtipp

Die historischen Vorgänge im Danzig während des Zweiten Weltkriegs bringt Günter Grass in seinem Roman „Die Blechtrommel" anschaulich nahe. Nach einem Danzigbesuch wird man das Buch sicher noch einmal, jetzt mit ganz anderen Augen, lesen.

Route 1

Seite 64

Steilküste und Wanderdünen: entlang der Ostseeküste

Szczecin (Stettin) – Świnoujście (Swinemünde) – *Wolliner Nationalpark – Kołobrzeg (Kolberg) – *Słupsk (Stolp) – ** Słowinski-Nationalpark – *Halbinsel Hel – ** Gdańsk (Danzig; 652 km)

Ausspannen und am Strand faulenzen – die Ostseeküste lädt dazu ein. Vorher und nachher können Sie Ihren kulturellen Hunger stillen, in Stettin und in Danzig. Und zur Abwechslung locken Naturparadiese. Wer neben erfrischenden Bädern in der Ostsee auch alle Sehenswürdigkeiten besichtigen möchte, sollte für diese Route mindestens fünf Tage einplanen. Da die Ostseeküste touristisch sehr gut erschlossen ist, bedarf es auch in der Saison eigentlich keiner Reservierung. Besonders günstig ist es sicher, ein Zelt dabeizuhaben. Camping- und Biwakplätze sind dicht gesät.

Szczecin

Reist man nach Polen von Nordwesten her ein, so erreicht man bald die alte Hanse- und Hafenstadt Szczecin (Stettin; 420 000 Einw.). Sie gehörte über zweihundert Jahre lang, von 1720 bis zum Zweiten Weltkrieg, zu Deutschland bzw. zu Preußen und war bereits im Mittelalter in der gewaltigen Mehrheit von Deutschen bewohnt. Die günstige strategische Lage machte Stettin jahrhundertelang zum Zankapfel zwischen Polen, Dänemark und Brandenburg, zwischen Preußen, Franzosen und Schweden. Viele bedeutende Bauwerke fielen den Auseinandersetzun-

gen zum Opfer; der Zweite Weltkrieg mit seinen Bombardements hatte die verheerendsten Folgen für die Stadt.

Die ehemalige *Hakenterrasse (Wały Chrobrego) ❶ am Oderufer ist wie einst gleichsam das Aushängeschild Stettins. Die repräsentativen Gebäude vom Anfang des 20. Jhs. beherbergen u. a. das *Nationalmuseum,* in dem eine interessante archäologische, ethnographische und maritime Sammlung präsentiert wird (Di, Do 10–17, Mi, Fr 9–15.30, Sa, So 10–16 Uhr).

Von der Hakenterrasse ist es nicht weit bis zur **Bastei der Sieben Mäntel ❷**. Die 4 m dicken Wände dieses Wehrturmes hielten dem Bombenhagel des Krieges stand. Oberhalb der Bastei erhebt sich über der Oder das eindrucksvolle *Schloss der Herzöge von Pommern ❸. Früher befand sich in der Residenz eine bedeutende Kunstsammlung der Herzöge, bis die Preußen den Kunstschatz plünderten und die Räume als Brauerei zweckentfremdeten. Obwohl die Rekonstruktion nach 1945 eine typische Renaissanceresidenz aus dem 16. Jh. nachbildet, weist der Bau noch original gotische Bestandteile auf.

Nur wenige Schritte von der Burg entfernt steht das **Alte Rathaus ❹**. Nachdem das Gebäude 1945 ein Raub der Flammen geworden war, sah man beim Wiederaufbau von den barocken Umbauten des 17. Jhs. ab und das Rathaus erhielt seine gotische Gestalt mit der von norddeutschen Hansestädten bekannten Schauwand zurück. Die Stadtgeschichtliche Sammlung hat hier einen würdigen Platz gefunden.

Ein repräsentatives Beispiel pommerscher Sakralarchitektur erwartet den Besucher mit der *Peter- und Paulkirche ❺. Der Backsteinbau hat mit seinem reich gegliederten Stufengiebel, gekrönt von einer Fensterrose, sein gotisches Erscheinungsbild bewahrt. Glasierte Terrakottaköpfe schmücken die Außenwände. Im Innern verdient die schöne Holzdecke aus dem 18. Jh. einen Blick.

Tipp Die **Stettiner Philharmonie** (pl. Armii Krajowej 1, ☎ 22 47 23, 22 12 52) ist ebenso eine Alternative für die Abendgestaltung wie das **Puppentheater** (Teatr Pleciuga, ul. Kaszubska 9, ☎ 4 34 10 02, 4 33 58 04), das längst nicht nur Kinder begeistert.

Auf der gegenüberliegenden Seite des Platzes steht das prunkvolle **Königstor** (brama Hołdu Pruskiego) ❻, das an den Verkauf der Stadt durch die Schweden an die Preußen 1720 erinnert.

Nur wenige Fußminuten entfernt haben die Stettiner Restauratoren einige Barockpaläste aus dem 18. Jh. wieder aufgebaut. Einer dieser Paläste beherbergt eine Dependance des **National-museums** (Muzeum Narodowe) ❼ mit einer Sammlung mittelalterlicher Skulpturen aus Hinterpommern. Mächtigstes Bauwerk Stettins ist die **Jakobi-Kathedrale** ❽, die man schon nach wenigen

1

Seite 51

Szczecin (Stettin): Blick über die Oder auf Johanneskirche und Kathedrale

❶ Hakenterrasse
❷ Bastei der Sieben Mäntel
❸ Schloss der Herzöge von Pommern
❹ Altes Rathaus
❺ Peter- und Paulkirche
❻ Königstor
❼ Nationalmuseum
❽ Jakobi-Kathedrale

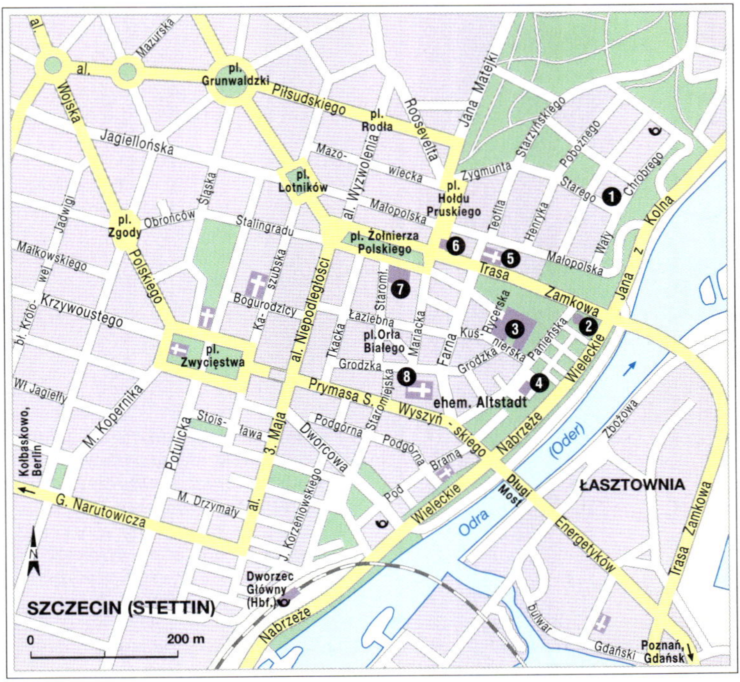

SZCZECIN (STETTIN)

0   200 m

Minuten in südlicher Richtung erreicht. Auch sie war ein Opfer des Krieges. Erst 1971 machte man sich daran, der ausgebrannten Ruine ihre Gestalt als eine der größten gotischen Kirchen Pommerns zurückzugeben.

 Infos gibt es in der ul. Kard. Wyszyńskiego 26, ☎ 091/4 34 04 40.

 Radisson, pl. Rodła 10, ☎ 091/4 59 55 95, 🖷 4 59 45 94. Das beste und modernste Hotel der Stadt. ⑤⟩⟩
Neptun, ul. Matejki 18, ☎ 091/4 88 38 83, 🖷 4 88 41 17. Mit allen Annehmlichkeiten eines First-Class-Hotels. ⑤⟩⟩
Beide Hotels liegen im Stadtzentrum.
⚠ im Vorort Dąbie, ul. Przestrzenna 24, ☎ 091/4 61 32 64, 6 km östlich vom Stadtzentrum, direkt am Altdammer See (Jezioro Dąbie).

 Chief, ul. Rayskiego 16, ☎ 091/4 34 37 65. Tipp für Fischspezialitäten. ⑤⟩⟩

Von Szczecin nach Kołobrzeg

Świnoujście

Einen ganz anderen Charakter als Stettin hat Świnoujście (Swinemünde; 55 000 Einw.), 100 km. Die Stadt erstreckt sich, durch die Swine geteilt und nur per Fähre verbunden, auf den Inseln Uznam (Usedom) und Wolin (Wollin).

Erholungssuchende sind hier richtig, denn vor allem als Badeort hat sich die Stadt an der Swine-Mündung einen Namen gemacht. Der **Strand** gilt vielen als der schönste an der polnischen Ostseeküste, mit Sicherheit ist er der belebteste.

Die Insel Wollin

Wollin, eine der drei Inseln, die das Mündungsdelta der Oder bilden, ist mit ihrem Vogelreichtum ein besonderer Anziehungspunkt für Ornithologen und andere Tierfreunde. Der größte Teil der Insel wurde 1960 zum ⋆**Woliński Park Narodowy** (Wolliner Nationalpark) erklärt. Die letzten wild lebenden Seeadler haben in diesem Schutzgebiet ein Rückzugsgebiet gefunden. Aber auch viele andere Tierarten kann man hier beobachten.

Tipp! Die landschaftliche Schönheit der alten Wälder, in denen zahlreiche türkisfarbene Seen verborgen sind, erschließt sich dem Besucher auf gut ausgeschilderten Wanderwegen.

An der Ostseeküste fällt das Gelände in über 100 m hohen Steilklippen schroff zum Meer hin ab. Das *Naturhistorische Museum* in **Międzyzdroje** (Misdroy) macht mit dem Park vertraut und bietet eine ideale Vorbereitung für den Besuch des Parks.

 Amber Baltic, in Międzyzdroje, Promenada Gwiazd 1, ☎ 091/3 28 10 00, 🖷 3 28 10 22. Das von Österreichern geführte 4-Sterne-Hotel ist zur Zeit sicher das komfortabelste Quartier der Region. ⑤⟩⟩
Merlin, Promenada Gwiazd 30, ☎ 🖷 091/3 28 07 28, -9. Preiswerte, aber solide Alternative zur benachbarten Luxusherberge. ⑤⟩

Kamień Pomorski

Gegenüber der Insel Wollin am rechten Ufer der Dziwnów (Dievenow) liegt der alte Sitz der Camminer Bischöfe, Kamień Pomorski (Cammin; 10 000 Einw.), 153 km. Der spätromanische ⋆**Johannesdom,** der im 15. Jh. im gotischen Stil umgestaltet wurde, ist mit seiner Barockorgel aus dem 17. Jh. ein Mekka für Musikliebhaber. Der herrliche Klang des Instrumentes in Verbindung mit der wunderbaren Akustik des Gotteshauses fasziniert ebenso die Organisten wie die Zuhörer, die sich zu den alljährlich im Juli und August stattfindenden Orgelfestspielen einfinden.

1

Seite
64

Kołobrzeg

(Kolberg; 44 000 Einw.) 226 km. Die Stadt an der Persante-Mündung (Parsęta) verdankt ihre Entstehung den Salzquellen. Geschichten ranken sich um die Entdeckung des Salzes und es ist nachgewiesen, dass Kolberg schon im 9. Jh. für seine Salzvorkommen berühmt war. Als aus wirtschaftlichen Gründen die Salzgewinnung durch preußisches Regierungsdekret 1855 eingestellt wurde, nutzten die findigen Kolberger den therapeutischen Wert ihrer Solequellen. Die Verbindung zwischen Heilbad und Sommerfrische an der Ostsee machte Kolberg vor dem Krieg mit jährlich einer halben Million Übernachtungen zu Deutschlands bedeutendstem Seebad. Der Krieg hinterließ auch hier seine Spuren und so sind nur wenige Architekturdenkmäler zu besichtigen.

Das Alte Rathaus von Szczecin (Stettin) mit der Schauwand

Der wieder aufgebaute * **Mariendom,** ein roter Backsteinbau, der auf das 14. Jh. zurückgeht, bestimmt mit seinem massiven Turm das Stadtbild. Rechts der Kirche befindet sich das neogotische **Rathaus,** das nach Plänen von Karl Friedrich Schinkel errichtet wurde.

Am Sandstrand von Świnoujście (Swinemünde)

 Infos zu der Stadt an der Persante-Mündung gibt es in der ul. Duboisa 20 (im alten Pulverturm), ☎ 094/ 3 52 23 11.

 Solny, ul. Fredry 4, ☎ 094/3 52 24 01, 🖷 3 52 59 24. Mit Swimmingpool, Sauna und eigenen Tennisplätzen. Ⓢ〗
New Skanpol, ul. Dworcowa 10, ☎ 094/3 52 82 11, 🖷 3 52 44 78. Modernes Hochhaushotel. Ⓢ
Beide Häuser liegen in der Stadtmitte und sind ca. 1 km vom Strand entfernt. △ ul. IV. Dywizji Wojska Polskiego 1, ☎ 094/3 52 45 69. Außerdem gibt es im Nachbarort Ustronie Morskie mehrere Campingplätze.

Ein Straßencafé in Kołobrzeg (Kolberg)

Fregata, ul. Dworcowa 12. Bestes Restaurant am Ort. Auch die Hotelrestaurants in Kolberg genießen einen guten Ruf. Ⓢ

Von Kołobrzeg nach Gdańsk

Von Kolberg geht der Weg ins Hinterland, durch die moderne Plattenbaustadt **Koszalin** (Köslin; 120 000 Einw.), 269 km. Dort hat der Autofahrer nun die Wahl, entweder schnell auf der Europastraße 28 nach Słupsk (Stolp) zu fahren oder der Küste zu folgen, um sich das malerische Städtchen *Darłowo** (Rügenwalde) mit seiner Herzogsburg anzusehen und in **Ustka** (Stolpmünde) zu baden.

*Słupsk

Etwa 18 km von der Küste entfernt liegt das kulturelle Zentrum der Region, Słupsk (Stolp; 100 000 Einw.), 339 km. Am Ufer der Słupia (Stolpe) erhebt sich die im Renaissancestil erbaute **Herzogsburg** aus dem 16. Jh. Im Mittelalter war Stolp Ausfuhrhafen für landwirtschaftliche Produkte, besaß berühmte Brauereien und war führend in der Bernsteinverarbeitung. Aus dem 15. Jh. stammt die berüchtigte **Hexenbastei,** ein Turm, der – wie der Name schon andeutet – als Gefängnis und Folterstätte für gesellschaftlich geächtete Frauen diente. Auch andere Zeugen der Geschichte blieben in Stolp erhalten, z. B. die Dominikanerkirche, die Marienkirche und das Neue Rathaus: ein beliebtes Schlechtwetter-Ausflugsziel.

Infos gibt es in der ul. Wojska Polskiego 16, ☎ 059/42 43 26.

Staromiejski, ul. Jedności Narodowej 4, ☎ 059/42 84 65, ☏ 42 50 19. Nach der Renovierung das Haus des höchsten Standards in Słupsk. Ⓢ

Rowokól, ul. Ogrodowa 5, ☎ 059/42 72 11, ☏ 42 72 13. Günstige Lage in der Stadtmitte. Ⓢ ⚠ Campingurlauber sind besser untergebracht in Łeba (s. unten), wo ihnen fünf Plätze zur Verfügung stehen.

Karczma pod Kluka, ul. Kaszubska 22. Rustikal mit guter, traditioneller Küche. Ⓢ

*Łeba und der ** Słowiński-Nationalpark

Die Stadt *Łeba (Leba; 4 000 Einw.), 443 km, nicht nur als Fischerei- und Hafenstadt, sondern vor allem als Seebad bekannt, wirkt heute außerhalb der Saison eher wie ein Dorf, obwohl es schon 1357 das Stadtrecht erhielt.

Das Łeba von damals lag allerdings 2 km östlich des heutigen Ortes. Wanderdünen und Sturmfluten drohten die Siedlung unter sich zu begraben, darum verlegten die Bewohner ihren Ort im Jahre 1570 auf sicheres Terrain. Die Fischerhäuschen haben viel Atmosphäre, wenngleich fast in jedem zweiten Haus ein Andenkenladen oder eine Fischbratküche auf Besucher wartet.

Höhepunkt dieser Fahrt ist für Naturfreunde und Wanderer auf jeden Fall der **Słowiński-Nationalpark** (Słowiński Park Narodowy). Die Attraktion

Die Slowinzen

Am Südufer des Leba-Sees, umgeben von Sumpfwiesen, Wäldern und Schilf, liegt Kluki (Kluken). Das *Freilichtmuseum veranschaulicht die Lebensweise des Volksstammes der Slowinzen, die einst in dieser Gegend siedelten. Sie verstanden es, sich geschickt den Widrigkeiten der Natur anzupassen. So erfanden sie beispielsweise eigenartig aussehende, an überdimensionierte Entenfüße erinnernde Korbschuhe für ihre Pferde, um zu verhindern, dass die Tiere im Sumpf versanken.

des 18 000 ha großen Parks sind seine **Wanderdünen.** Man kann sie per Mietfahrrad oder mit dem Elektromobil erreichen, erklimmen muss man die riesigen Sandhügel dann allerdings zu Fuß. Mit einer Höhe von etwa 50 m wandern die Dünen sogar über Wälder und bilden eine der ganz wenigen Wüstenlandschaften Europas.

Der Park umfasst auch zwei größere Seen, den Jezioro Łebsko (Leba-See) und den Jezioro Gardno (Gardener See). Erholungssuchenden zugänglich ist allerdings nur der Gardener See, der Leba-See ist den seltenen Doppelschnepfen vorbehalten.

 Wodnik, ul. Nadmorska 10, Łeba, ℡ 059/66 13 66, 📠 66 15 42. Das einzige Haus, das westlichem Standard genügt, liegt knapp 200 m vom Strand entfernt. Ⓢ
⚠ Allein in der ul. Turystyczna liegen vier schöne Campingplätze nebeneinander, z. T. auch mit Bungalows.

 Mewa, ul. Kościuszki 50; **Karczma Słowińska,** ul. Kościuszki 28. In beiden Restaurants kann man gut und preiswert essen. Beide Ⓢ

Die Halbinsel Hela

Sand und Strand begleiten uns auch weiterhin auf unserer Route, denn das nächste Ziel der Etappe ist die berühmte Halbinsel Hela (bzw. Putziger Nehrung; Mierzeja Helska).

Vor 200 Jahren noch bestand die heutige Halbinsel aus vielen kleinen einzelnen Inseln. Mit der Zeit formte durch die Strömung herangetriebener Sand die Halbinsel, die nur 200 m bis 3 km breit ist, dafür aber 35 km lang. Sie ragt wie

Angeln ist ein beliebter Volkssport

„Bergsteigen" einmal anders: die Dünen des Słowiński-Nationalparks

Im Hafen von Hel

eine Zunge in die Danziger Bucht und ist eine große Touristenattraktion. Noch ist die Halbinsel auf der Straße oder per Bahn für jedermann frei zugänglich. Aber Touristenstrom und Meeresströmung nagen an diesem einzigartigen Naturgebilde, so dass in nächster Zeit wohl mit einer Zugangsbeschränkung zu rechnen ist. Dünen und Kiefernwald bestimmen das Landschaftsbild, die Seite zur offenen See hin bietet mit ihrem Sandstrand beste Bademöglichkeiten.

„Hauptstadt" der Halbinsel ist der Ort *** Hel** (Hela; 5 000 Einw.), 558 km. Der Weg dorthin führt durch militärisches Sperrgebiet, doch wird die Straße dem Besucher von freundlich salutierenden Rekruten freigegeben.

Der Hafen von Hel

Im Ort angekommen, sollte man die zum *Museum des Fischfangs* umgestaltete Kirche direkt am kleinen Hafen besichtigen. Die alten *Häuser* aus dem 18. Jh., der Geruch von Teer und Tang und das geschäftige Treiben am Hafen machen einen Gutteil Atmosphäre dieses Fischerstädtchens aus. Hier wohnen die Kaschuben, ein mit Polen eng verwandtes slawisches Volk.

Bryza in Jurata, ul. Świętopełka 1, ☎ 058/6 75 23 43, 📠 6 75 24 26. Das modernste und beste Hotel der Halbinsel, einsam in der Dünenlandschaft gelegen. Ⓢ〗〗 △ Entlang der Halbinsel reihen sich kleinere Camping- und Biwakplätze.

Sobald die Industrie- und Hafenstadt Gdynia (Gdingen) am Horizont erscheint, die mit *** Sopot** (Zoppot) und **** Gdańsk** (Danzig), 652 km, die sogenannte Dreistadt bildet, liegt Hel hinter uns. Doch man wird entschädigt: Spätestens in der Danziger Altstadt sieht man: Danzig ist und bleibt eine der schönsten Städte Polens.

Route 2

Dreitausend Seen und unzählige Störche: Masuren

** Gdańsk (Danzig) – *** Malbork (Marienburg) – Elbląg (Elbing) – Olsztyn (Allenstein) – Mrągowo (Sensburg) – Giżycko (Lötzen) – * Mikołajki (Nikolaiken; 416 km)

Kristallene Seen und unberührte Wälder – das wünschen sich zivilisationsmüde Touristen im Urlaub. Die Wirklichkeit sieht auch in Masuren ein wenig anders aus: Umweltprobleme haben sogar die „grüne Lunge" Polens zum Husten gebracht. Zum Glück ist die Krankheit nicht schwer und so sind die Naturschönheiten der beliebtesten Ferienregion allemal eine Reise wert. Besonders Angler, Wanderer und Wassersportler – allen voran die Kanuten – finden hier ihr Paradies. Man sollte für diese Route etwa sieben Tage einplanen. Viele Orte Masurens haben eine gute touristische Infrastruktur, wenn auch die Betten in den Hotels westlichen Standards während der Saison knapp sind. Doch die der Reise gemäße Art der Unterkunft ist ohnehin das ebenso billige wie naturverbundene Zelten. Am bequemsten lässt sich die Strecke natürlich mit dem Auto bewältigen. Sportliche Naturen aber werden – sofern sie über etwas mehr Zeit verfügen – das Fahrrad als Fortbewegungsmittel vorziehen, denn Masuren ist ein wahres Radelparadies.

*** Die Marienburg

Man verlässt **** Gdańsk** (s. S. 44ff.) in südliche Richtung auf der Europastraße 75, um nach 58 km Malbork (Marienburg; 40 000 Einw.) zu erreichen. Die

Wegweiser meinen die Stadt; deutsche wie polnische Touristen verbinden den Namen jedoch stets mit einem der berühmtesten Architekturdenkmäler Europas: mit der Marienburg. Die riesige Trutzburg des Deutschen Ordens klammert sich wie ein gewaltiger Drache aus roten Backsteinen an das Steilufer der Nogat.

Der Besucher betritt die im 13. und 14. Jh. erbaute Anlage durch die **Vorburg,** in die das Zeughaus und die Lau-

Die trutzige Marienburg

2

Seite **64**

Der Deutsche Orden

In Polen allgegenwärtig ist das Bild der Ritter in weißen Mänteln mit schwarzem Kreuz. Sie galten lange nicht wie in Deutschland als Kulturboten nach Osteuropa, sondern eher als hinterlistige Räuberbande. Inzwischen hat sich ein differenzierteres Bild durchgesetzt.

Während des Dritten Kreuzzuges in Palästina (1190) richteten Bremer und Lübecker Bürger angesichts der vielen Verwundeten vor Akkon ein Spital ein. Aus diesen bescheidenen Anfängen wuchs ein mächtiger Ritterorden: der Deutsche Orden. Zu dieser Zeit überfielen Pruzzen (auch Pruzzen oder Preußen genannt) das im Nordosten Polens gelegene Masowien. Konrad I. von Masowien traf 1225 eine folgenschwere Entscheidung: Er bat den Deutschen Orden, ihm gegen Überlassung des Kulmer Landes zur Seite zu stehen.

So zogen die ersten Ritter in die Gegend des späteren Thorn und erbauten dort ihre Burgen. Es gelang ihnen nicht nur, die Prußen aus dem Kulmer Land zu vertreiben, sondern sie drangen von diesem praktischen Stützpunkt aus immer tiefer nach Norden und Osten vor. Schließlich unterwarfen sie die Prußen und errichteten an der Stelle ihres Stammesgebietes den eigenen mächtigen Ordensstaat Preußen, an dessen Spitze ein Hochmeister stand. Er residierte seit 1309 in der Marien-

burg. Die bereits stark dezimierten Prußen vermischten sich mit den deutschen (ab dem 15. Jh. auch polnischen und litauischen) Kolonisten, so dass ihre Sprache und Kultur allmählich verschwand.

Mit dem Zugriff auf das christliche, damals zu Polen gehörende Pommerellen am westlichen Weichselufer mit Danzig hatte sich der Orden 1308 von seiner ursprünglichen Aufgabe, der Missionierung, verabschiedet und war ein großer Feind für Polen geworden.

Zur Eskalation führte die Vereinigung von Polen und dem vordem heidnischen Litauen zu einem Doppelreich. Obwohl Litauen jetzt christlich war, überfiel der Orden das Land weiterhin unter dem Vorwand der Missionierung. 1410 kam es zu der legendären Schlacht bei Tannenberg (poln. Grunwald, s. S. 60): Der Deutsche Orden trat gegen ein vereinigtes polnisch-litauisches Heer an und erlitt eine vernichtende Niederlage. 1457 fiel die Marienburg und kurz danach das ganze spätere Westpreußen in polnische Hände. 1525 wurde der Rest-Ordensstaat in das protestantische Herzogtum Preußen (späteres Ostpreußen) umgewandelt und der ehemalige Hochmeister, nun Fürst Albrecht von Hohenzollern, legte vor dem polnischen König den Lehnseid ab.

2

Seite 65

rentius-Kapelle eingefügt sind. In dem sich anschließenden sogenannten **Mittelschloss** befinden sich der elegante Hochmeisterpalast – später zeitweilig Aufenthaltsort des polnischen Königs und seiner Statthalter –, der Große Remter (z. Zt. nicht zugänglich) sowie die ehemaligen Räume für die Ordensgäste.

 Jedes Jahr im Sommer werden sehenswerte **Ton- und Licht-Schauen** im Hof des Mittelschlosses veranstaltet.

Über eine Brücke gelangt man zum **Hochschloss,** in dem die Ordensbrüder wohnten. Außer dem Kapitelsaal wird nach Abschluss der Restaurierungsarbeiten die Schlosskirche zu den größten Sehenswürdigkeiten der Marienburg zählen. Bis jetzt muss man mit der „Goldenen Pforte", dem mit wilden Fabelwesen reich verzierten Kirchenportal, vorliebnehmen.

Ein Rundgang durch die Burg ist nur im Rahmen einer Gruppenführung möglich und nimmt einige Zeit in Anspruch (tägl. 8.30–16.30 Uhr, Gelände bis 18, im Winter bis 15 Uhr, Mo Innenräume geschl., Führungen auch auf Deutsch). Im Westflügel des Mittelschlosses ist eine ständige Ausstellung über die Entstehungs- und Verarbeitungsgeschichte des Bernsteins eingerichtet. Vielen ist nicht bekannt, dass das „Gold der Ostsee" eigentlich nichts

Das Gold der Ostsee

Im Westflügel des Mittelschlosses ist eine ständige Ausstellung über die Entstehungs- und Verarbeitungsgeschichte des Bernsteins eingerichtet. Vielen ist nicht bekannt, dass das „Gold der Ostsee" eigentlich nichts anderes ist als ein fossiles Harz. Zu kostbaren Schmuckstücken verarbeitet, verhalf es den Küstenstädten zu großem Wohlstand. Heute gehört Bernsteinschmuck zu den beliebtesten Mitbringseln aus Polen.

anderes ist als ein fossiles Harz. Zu kostbaren Schmuckstücken verarbeitet, verhalf es den Küstenstädten zu großem Wohlstand. Heute gehört Bernsteinschmuck zu den beliebtesten Mitbringseln aus Polen.

 In der Nachmittagssonne bietet die Marienburg vom anderen Nogatufer aus gesehen einen phantastischen Anblick. Fotoliebhaber werden angesichts dieses Panoramas entzückt sein.

Informationen gibt es im Burgkomplex, ul. Starościńska 4.

Zamek, im Schatten der Marienburg in der ul. Starościńska 14 gelegen,
☎ 055/2 72 84 00, 📠 2 72 33 67. Ⓢ))
⚠ **Parkowy,** ul. Portowa 3,
☎ 055/27 24 13, Juni–Aug. geöffnet.

Zamkowa, ul. Starościńska 14, ☎ 055/27 27 36. Bietet solide Küche. Ⓢ))

Elbląg

(Elbing; 120 000 Einw.), 100 km. Wegen ihrer günstigen Lage wurde die Stadt im Laufe der Jahrhunderte mehrfach erobert und dabei von den jeweiligen Siegern oft genug zerstört. Am Ende des Zweiten Weltkrieges blieb von Elbing nichts als ein Trümmerfeld.

Zwar ist der Wiederaufbau der Altstadt in einem etwas postmodern angehauchten Stil bereits weit fortgeschritten, doch ihre einstige Bedeutung als Hafenstadt wird Elbing wohl nicht so schnell wieder erlangen. Der einzige Zugang vom Frischen Haff zur Ostsee liegt bei der russischen Stadt Baltijsk (Pillau). Diese wurde wegen der dort stationierten Ostseeflotte zur „Verbotenen Stadt" erklärt. So konnte Elbing über Wasser nicht erreicht werden. Inzwischen sind die Tragflächenboote, die heute zwischen Elbing und Königsberg verkehren, zu einer beliebten Touristenattraktion geworden.

Die größte Bekanntheit verdankt Elbing dem **** Oberländischen Kanal** (Kanał Ostródzko-Elbląski; in der Saison Abfahrt von Elbing um 8 Uhr). Der Kanal aus dem Jahre 1858 ist auf der Welt einzigartig, da die Schiffe nicht nur zu Wasser, sondern auch auf dem Landweg unterwegs sind. Das Wunderwerk der Technik überwindet einen Höhenunterschied von fast 100 m. Das Besondere sind die technischen Anlagen, mit deren Hilfe die Schiffe auf Gleitkarren über Land gezogen werden.

2

Seite
65

Es bietet sich an, einen Abstecher ins kleine Städtchen **Frombork** (Frauen-

*Gleitkarren am
Oberländischen Kanal*

Kopernikus

Frauenburg pflegt die Erinnerung an den großen Astronomen Nikolaus Kopernikus (poln. Mikołaj Kopernik), der hier 20 Jahre seines Lebens verbrachte (1524–1543) und im Dom begraben wurde (s. S. 67).

2

Seite 65

burg) zu machen, 32 km von Elbing am Frischen Haff gelegen. Die ** *Kathedrale* (14. Jh.) erhebt sich, von wehrhaften Mauern und Türmen umgeben, majestätisch auf einem Hügel.

Informationen gibt es in der ul. 1. Maja 30, ☎ 055/2 32 73 73.

Elzam, pl. Słowiański 2, ☎ 055/2 34 81 11, 🖶 2 32 40 83. Das luxuriöse 4-Sterne-Hotel ist auf verwöhnte Westtouristen eingestellt. Ⓢ
△ ul. Panieńska 14, ☎ 055/2 32 43 07. Idyllisch und trotzdem zentral gelegen.

Tipp In Elbing gilt es, die Picknickkörbe zu füllen, denn nun geht es in die idyllische Landschaft am ** Oberländischen Kanal (Wegweiser „Śluza Buczyniec 8 km" am Ortsende hinter der neuen Tankstelle, s. auch S. 58). Um 12.20 Uhr sollten die Kameras einsatzbereit sein, denn um diese Zeit trifft während der Saison das Linienschiff ein, das auf den Gleitkarren über Land gezogen wird.

Von Ostróda nach Olsztyn

Zurück auf der Europastraße 77 ist man schnell in **Ostróda** (Osterode; 35 000 Einw.), 172 km, das als Ausgangspunkt von Paddeltouren Ziel vieler Wassersportler ist.

Infos zu Ostróda gibt es am pl. Tysiąclecia 1, ☎ 088/46 25 40.

Park, ul. 3. Maja 21, ☎ 088/46 22 27. Herrliche Aussicht über den See. Ⓢ

Grunwald

Es geht weiter nach Grunwald, 200 km, zu Polens berühmtestem Schlachtfeld. Hier wurde die sogenannte Erste Schlacht von Tannenberg ausgetragen. Die Bezeichnung „Schlacht von Grunwald" aus der polnischen Geschichtsschreibung geht auf ein anderes, am Schlachtfeld gelegenes Dorf zurück. Am 15. Juli 1410 schlug das vereinigte polnisch-litauische Heer vernichtend die Truppen des deutschen Ritterordens in einer der größten Schlachten des Mittelalters (s. S. 57). Heute erinnert ein 1960 errichtetes *Denkmal* an das einschneidende Ereignis.

Olsztynek

Der Ausflug in die Geschichte wird in dem nahe liegenden Olsztynek (Hohenstein; 15 000 Einw.), 226 km, fortgesetzt. Im Jahre 1927 hatten die Deutschen in der Nähe ein Ehrenmal aufgestellt, das an ihren Sieg über Russland im Ersten Weltkrieg, in der sogenannten Zweiten Schlacht von Tannenberg, erinnerte. Im August 1914 hatte hier Hindenburg die russische Armee „Narew" geschlagen. Das Denkmal ist nicht erhalten. Angezogen werden die Besucher Olsztyneks von dem am Stadtrand gelegenen * **Freilichtmuseum** (poln. skansen). In die schöne Landschaft eingebettet wurden hier Beispiele früher bäuerlicher Architekturformen Masurens und des Ermlands zusammengetragen.

Olsztyn

(Allenstein; 150 000 Einw.), 251 km. Die Stadt wird heute von einem Gürtel moderner Neubausiedlungen und Gewerbegebiete umgeben. Dennoch: Die Stadt ist mehr als nur eine Zwischenetappe zur großen Seenplatte Masurens. In der rekonstruierten * **Altstadt** haben Künstler und Kunsthandwerker

den schönen Rahmen für ihre Ateliers mit angeschlossenen Galerien gefunden, die zahlreiche Besucher anlocken. Nach einem Altstadtbummel sollte man noch genügend Zeit für die Besichtigung der *Burg (zamek) aus dem 14. Jh. einplanen. Heute beherbergt sie das „Museum vom Ermland und Masuren" mit einer kunstgeschichtlichen und naturkundlichen Sammlung.

Zur selben Zeit wie die Burg wurde auch die *Pfarrkirche Sankt Jakobi (kościół Św. Jakuba) errichtet. Schmuckstück der Kirche sind die gotischen Stern- und Netzgewölbe, die in einer Vielzahl von kunstvollen Gebilden die Decke überziehen. Mit dem Kopernikus–Planetarium in der aleja Zwycięstwa hat Olsztyn auch eine moderne Sehenswürdigkeit; hier wird der Weltraum nicht aus der Sicht der Erdbewohner gezeigt, sondern aus der Perspektive der Astronauten (🕙 Di–Fr 10.30–18 Uhr).

Denkmal an die Schlacht von Tannenberg in Grunwald

Tipp Zu Wasser, zu Lande oder aus der Luft: Von der Schönheit der masurischen Landschaft kann man sich sowohl vom Deck der Ausflugsdampfer, die auf dem nahe gelegenen *Jezioro Ukiel (Okull-See)* unterwegs sind, als auch aus der Luft überzeugen. Masuren aus der Vogelperspektive bieten der Aeroklub, ul. Sielska 34, ☎ 089/27 52 40, und Air Touristik, ul. Lotnicza 1, ☎ 089/27 20 15. Das Flugfeld befindet sich in Dajtki am westlichen Stadtrand (an der Nationalstraße 16).

Kunstvolle Gewölbe in der Burg Heilsberg (Lidzbark Warmiński)

Die knapp 50 km nördlich von Allenstein entfernte **Burg Heilsberg in Lidzbark Warmiński lenkt an Regentagen vom grauen Himmel ab. Als Residenz der ermländischen Bischöfe wurde die Burg nach 1350 errichtet und ist neben der Marienburg das beeindruckendste Bauwerk der Region. Die hervorragend erhaltenen Innenräume besitzen kunstvolle Gewölbe sowie originale Wandbemalungen.

 Wysoka Brama (Hohes Tor), ul. Wolności 2/3, ☎ 089/5 23 57 76.

Im Freilichtmuseum von Olsztynek

2

Seite 65

Park, ul. Warszawska 119, ☎ 089/5 23 66 04, 🖷 5 27 60 77.
Bei weitem die beste Wahl, mehrere Zimmer sind behindertengerecht ausgestattet. Ⓢ〉〉
Anders, im Dorf Stare Jabłonki, ☎ 088/5 47 14 89, 🖷 088/5 47 14 25. Etwa 20 km südwestlich von Allenstein bietet das kleine, aber gut geführte Haus eine preiswerte Alternative zum Park-Hotel. Ⓢ
△ **Wanda-Mazury,** ul. Sielska 12, 7 km westlich des Stadtzentrums, ☎ 089/5 27 12 53.

Francuska, ul. Dąbrowszczaków 39, ☎ 089/5 27 53 01.
Das sehr geschmackvoll eingerichtete Luxusrestaurant mit französischer Küche ist berühmt für seine zarten Chateaubriands, aber auch berüchtigt für die hohen Preise. Ⓢ〉〉

Von Olsztyn nach Mikołajki

Sorkwity

Ab Olsztyn führt die Route auf der Nationalstraße 16 stetig in östliche Richtung. Nach 50 km ist Sorkwity (Sorquitten; 900 Einw.), 301 km, erreicht. Kurz hinter dem Ortseingang führt die erste Straße links zur weißgetünchten *Dorfkirche. Sie ist heute eine der wenigen protestantischen Kirchen Masurens. Der gegenüber der Kirche woh-

Der Taufengel

Das Schmuckstück der Dorfkirche von Sorkwity ist ein Taufengel, der hoch über den Köpfen der Gläubigen an der Decke des Kirchenschiffes schwebt. Mit Hilfe einer flaschenzugartigen Konstruktion kann die Holzplastik bei Taufen zur Gemeinde herabgelassen werden und aus der silbernen Schale, die der Engel hält, wird das Haupt des Täuflings benetzt.

nende Küster ist gern bereit aufzuschließen. Das *Schloss Sorquitten, ein Bilderbuchschloss im „Neu-Tudorstil" des 19. Jhs., erhebt sich an einem märchenhaften Flecken, umgeben von alten Eichen, am Ufer des *Jezioro Lampackie (Lampasch-See).*

Mrągowos

Den Reiz Mrągowos (Sensburg; 21 000 Einw.), 313 km, macht seine schöne Umgebung aus. Und weil von hier aus die klassischen Touristenattraktionen wie Święta Lipka (Heiligelinde) und die größten der masurischen Seen in Tagesausflügen zu erreichen sind, können die Zimmervermieter über mangelnden Zustrom an Gästen nicht klagen.

Mrongovia, ul. Giżycka 6, ☎ 089/7 41 32 21, 🖷 7 41 32 20. Großzügige Zimmer, zahlreiche Freizeiteinrichtungen, darunter auch ein Reitstall, sowie ein gutes Restaurant. Ⓢ〉〉
△ **Mazur-Tourist,** ul. Jaszczurcza Góra 3, ☎ 089/7 41 25 33.
Auch Bungalows.

Święta Lipka

Zum touristischen Pflichtprogramm einer jeden Masurenreise gehört ein Besuch des Wallfahrtsortes Święta Lipka (Heiligelinde). Schon die 15 km lange Fahrt über die Moränenhügel und entlang der Seen begeistert. Wanderfreunde werden, sofern sie in Mrągowo Quartier bezogen haben, auf dem Wanderweg die 22 km nach Święta Lipka laufen. Auf einer großen Lichtung erhebt sich die **Wallfahrtskirche aus dem 17. Jh. in prächtigstem Barock.

Gierłoż

Nur 14 km sind es nach **Kętrzyn** (Rastenburg), 349 km, bekannt für eine Anlage besonderer Art: Ein paar Kilometer östlich, bei dem Dorf Gierłoż (Görlitz), liegt inmitten der masurischen Wälder ein riesiger Bunkerkomplex, erbaut aus unzähligen Tonnen von Stahl und Beton: das einstige Hauptquartier Adolf

Hitlers, die **„Wolfsschanze".** Hier ver-
übte am 20. Juli 1944 Claus Graf
Schenk von Stauffenberg ein Bomben-
attentat auf Adolf Hitler. Der „Führer"
überlebte dank des Schutzes eines
schweren Eichentisches. Heute ist die
Stätte ein viel besuchtes Touristenziel.

Die Wolfsschanze

** Masuren

Die nächsten Tage der Fahrt bringen
Natur pur. Seen und Wälder satt,
schwimmen, surfen, segeln, paddeln,
wandern, reiten und Rad fahren in
herrlichster Umgebung – dieses breite
Angebot macht Masuren zu einem
Lieblingsziel gestresster Großstädter.

Giżycko

Das meistbesuchte Ferienzentrum Masurens ist Giżycko (Lötzen; 28 000
Einw.), 381 km. Seine Beliebtheit verdankt der Ort der herrlichen Lage zwischen dem **jezioro Niegocin** (Löwentin-
See) im Süden und dem **jezioro Kisajno**
(Kissain-See, eigentlich ein Teil des
Mauer-Sees) im Norden. 1772 wurden
beide Seen durch einen Kanal miteinander verbunden, der heute fast ausschließlich den Wassersportlern als
Verkehrsweg dient. Ausflugsschiffe
sind weniger sportlich, aber beschauli-
cher, um die Schönheit der Landschaft
zu genießen. Linienschiffe verbinden
die Stadt in $4\frac{1}{2}$ Stunden mit Mikołajki
und in $2\frac{1}{2}$ Stunden mit Węgorzewo.

Ein Gewitter zieht auf

 Informationen gibt es in der
ul. Warszawska 7,
☎ 087/4 28 52 65.

 Mazury, ul. Aleja Wojska
Polskiego 56, ☎ 087/42 85.
Das kleine Privathotel steht
unter deutsch-polnischer Leitung. Ⓢ
Wodnik, ul. 3. Maja 2, ☎ 087/42 83,
🖷 4 28 39 58. Auch das hoteleigene
Restaurant ist empfehlenswert. Ⓢ
Country Club Wilkasy,
☎ 087/42 85. Ferienzentrum 3 km
entfernt am Westufer des Löwentin-
Sees, Segel- und Ruderbootverleih,
Reitstall. Ⓢ

Reiselektüre

Wer nach Masuren fährt, sollte ein
Buch von Siegfried Lenz im Reisege-
päck haben: In „So zärtlich war Su-
leyken" beschreibt der Autor in hu-
morvollen Märchen, Anekdoten und
Schelmenstücken Masuren. Er gibt
eine liebevolle Schilderung dieser
Landschaft, die bis heute zutrifft.
Panje-Wagen und schnatternde
Gänse gehören ebenso zu seinem
Masuren wie natürlich die Störche.

⚠ ul. Moniuszki 1, ☎ 087/4 28 34 10. Am See gelegener Campingplatz des Hotels „Zamek".

Grota, ul. Sienkiewicza 3, ist in einer ostpreußischen Wache aus dem Jahre 1864 untergebracht. Ⓢ

Mazurska, ul. Warszawska 6, ☎ 087/4 28 21 39. Speisen in folkloristischem Ambiente. Ⓢ

2

Seite 59

*Mikołajki

(Nikolaiken; 4000 Einw.), 416 km. Die Stadt wird etwas übertrieben das „Masurische Venedig" genannt. Tatsächlich ist Mikołajki besonders schön. Die Lage des Ortes in der Nähe des mit 120 km² größten masurischen Sees, des **jezioro**

Śniardwy (Spirding-See), machen ihn zu einem Eldorado für Naturfreunde und Wassersportler. Von Mikołajki legen Ausflugsschiffe zu Fahrten über die großen Seen ab. Eindrucksvoller Abschluss der Masurenreise ist ein Besuch des 5 km östlich von Mikołajki gelegenen **jezioro Łuknajno** (Luknainer-See). Hier verbringen jährlich tausende wilder Schwäne und Graureiher die Sommermonate.

Gołębiewski, ul. Mrągowska 34, ☎ 087/4 21 65 17, 4 21 61 20, 🖷 4 21 60 10. Das größte und teuerste Haus der Region mit Schönheitssalon, Sauna, Schwimmbad, mehreren Restaurants, Nachtclub und diversen weiteren Freizeiteinrichtungen. Ⓢ

ROUTEN 1-3

0   50 km

N

OSTSEE

Słowiński P.N.
Łeba
Mierzeja Helska
Kluki
Jez. Gardno
Łebsko
Ustka
Wejherowo
Hel
Darłowo
Lębork (Lauenburg)
Rumia
Gdynia
Sopot
Słupsk (Stolp)
Kołobrzeg (Kolberg)
Słupia
Bytów
Kartuzy
Gdańsk (Danzig)
Woliński P.N.
Koszalin (Köslin)
Kościerzyna
Tczew
Świnoujście (Swinemünde)
Kamień Pomorski
Miastko
Starogard G.
Malbork (Marienburg)
Zalew Szczeciński
Świdwin
Szczecinek (Neustettin)
Chojnice
Gniew
Kwidzyn (Marienwerder)
Police
Drawsko Pomorskie
Grudziądz (Graudenz)
Szczecin (Stettin)
Stargard Szcz.
Wałcz (Dt.Krone)
Złotów
Świecie
Chełmno
Berlin
Choszczno
Piła (Schneidemühl)
Noteć
Bydgoszcz (Bromberg)
Toruń (Thorn)
Ciechocinek
Gorzów Wielkopolski (Landsberg)
Drezdenko
Wągrowiec
Biskupin
Inowrocław (Hohensalza)
Radziejów
Odra/Oder
Warta
Warthe
Frankfurt (Oder)
Międzyrzecz
Włocławek
Berlin
Gniezno (Gnesen)
Września
DEUTSCHLAND
Świebodzin
Poznań (Posen)
Kórnik
Konin
Koło
Rogalin
Śrem
Katowice

⚠ **Wagabunda,** ul. Leśna 2,
☎ 087/4 21 60 18. Kein direkter See-
Zugang, auch Bungalows.

 Król Sielaw, ul. Kajki 5,
☎ 087/4 21 63 23. Gute Küche, nette Bedienung. Ⓢ

Krutyń

Der kleine Ort Krutyń (Krutinnen) bei
Ukta südlich von Mikołajki liegt am
wohl malerischsten Fluss Masurens,
der Krutynia (Krutinna), bei Paddlern
schon längst kein Geheimtip mehr. In
Krutyń werden **✶✶ Stakenbootfahrten**
angeboten. Überlassen Sie das Staken
den Einheimischen und genießen Sie
das herrliche Fleckchen Erde – das wird
Sie noch lange an Masuren erinnern.

2

Seite
59

Route 3

Entlang der Weichsel

** Gdańsk (Danzig) – ** Chełmno (Kulm) – ** Toruń (Thorn) – * Płock – ** Warszawa (Warschau; 406 km)

Die Route folgt dem polnischen Schicksalsstrom, der Weichsel. Sie führt von Danzig nach Warschau und berührt dabei so geschichtsträchtige Städte wie z. B. Thorn. Es ist eine Reise durch die tausendjährige Geschichte und Kultur des Landes. Die Hauptstadt Polens ist sicherlich der Höhepunkt der Fahrt. Drei Tage brauchen Sie mindestens für die Strecke. Eine Lehrstunde in jüngster Geschichte Polens bekommt der Reisende am Ausgangspunkt der Fahrt, in Gdańsk. Danzig ist die Wiege der „Solidarność", der Bewegung, die das Land zu dem gemacht hat, was es heute politisch ist: ein freiheitliches, demokratisches Polen.

Von Gdańsk nach Chełmno

Die Besichtigung der ehrwürdigen Zisterzienserabtei in **Pelplin** bietet sich an, zumal sie nur 4 km abseits der Straße liegt. Das strenge Äußere der * *Klosterkirche* aus dem 14. Jh. kontrastiert mit dem spätgotischen Innenraum: Kunstvolle Netzgewölbe bilden hoch über dem Besucher das kostbare Dach.

Der weitere Weg führt an * **Gniew** (Mewe) vorbei, wo Reste der Deutschordensburg erhalten sind. Bald ist am gegenüberliegenden Weichselufer das alte **Grudziądz** (Graudenz; 100 000 Einw.), 113 km, erreicht. Seit der Errichtung einer preußischen Festung im Jahre 1786 gehören bis zum heutigen Tag Soldaten zum Stadtbild. Eine Anlage von 26 *Speicherhäuser*n aus dem 16.–18. Jh. bildet das berühmte Weichselpanorama von Grudziądz.

** **Chełmno** (Kulm; 22 000 Einw.), 145 km, gehört zum Pflichtprogramm jedes geschichtsinteressierten Polenreisenden. Auf engstem Raum versammelt sich hier eine Vielzahl bedeutender Bauwerke. Den Marktplatz ziert das * **Rathaus,** das auf das 16. Jh. zurückgeht und das nördlichste Beispiel der italienischen Renaissance ist. Die **Marienkirche** am Markt (1290–1333) besitzt originale gotische Fresken im Chor sowie elf Apostelfiguren an den Pfeilern.

Die gesamte Altstadt wird von der **Stadtmauer** aus dem 14. Jh. umgeben. Mehrere Türme und das Graudenzer Tor (brama Grudziądzka) sind erhalten geblieben und zeigen heute die Anlage einer mittelalterlichen Stadt.

** Toruń

Für kurze Zeit verlassen wir das Weichselufer und fahren auf direktem Weg auf der Europastraße 75 nach Toruń. Die Stadt (Thorn; 205 000 Einw.), 190 km, zeigt sich dem Besucher als ein in Europa einzigartiges Ensemble gotischer Architektur.

Im Jahr 1233 gründete der Deutsche Orden am Weichselufer eine Burg, von der aus er seine Eroberungszüge gegen die Prußen unternahm. Thorn war zeit-

„Thorner Kathrinchen"

Eine kulinarische Spezialität sind die Thorner Lebkuchen. Scharf gewürzt und in kunstvollen Formen gebacken, werden sie hier seit 1640 hergestellt. Besonders schöne Exemplare bekommt man in einem Laden auf der ulica Żeglarska zwischen dem Markt und der Johanniskirche. Die Lebkuchen sind ein wahrer Augen- und Gaumenschmaus – nur Ihre Zähne werden davon nicht begeistert sein.

weise Mitglied der Hanse. Die weltoffe-
nen Kaufleute Thorns strebten nach
zunehmender Selbstständigkeit und
gerieten bald in Konflikt mit der auto-
ritären Herrschaft der Burgherren. Im
Jahre 1454 stürmten die Thorner Bürger die Deutschordensburg und rissen
sie bis auf die Grundmauern nieder.
Thorn unterstellte sich der Herrschaft
des polnischen Königs. Im Laufe der
Geschichte wechselte Thorn fast ein
Dutzend Mal die Staatsangehörigkeit.

Alte Speicherhäuser in Grudziądz

** Die Altstadt

Die Baudenkmäler der Altstadt konzen-
trieren sich auf engem Raum. Den alten
Marktplatz beherrscht das ausgezeich-
net erhaltene *Rathaus. Der gewaltige
Backsteinbau stammt ursprünglich aus
dem 13. Jh. und wurde später zu der
heutigen Vierflügelanlage umgebaut.
Er bildet nun den Rahmen für das
Kreismuseum (⏲ Di–So 10–16 Uhr).

Farbenfroher Markt in Chełmno

Vor dem Rathaus erinnert ein Denkmal
an *Nikolaus Kopernikus* (1473–1543),
den berühmtesten Sohn der Stadt. Das
nahe gelegene **Kopernikus-Museum,**
ul. Kopernika 17, wurde in einem Bau
aus dem 15. Jh. eingerichtet, der an der
Stelle von Kopernikus' angeblichem
Geburtshaus errichtet wurde.

Eine umfangreiche Sammlung widmet
sich dem Astronomen, darunter die
Originalausgabe von „De revolutioni-
bus orbium Coelestium" (1543). Mit
diesem Buch widerlegte Kopernikus die
von der Kirche vertretene Lehre von
der Erde als Mittelpunkt des Alls.

An der Ostseite des Marktes ist in einem Patrizierhaus von 1697, dem
„Haus unter dem Stern" (Dom pod
Gwiazdą), die **Fernöstliche Sammlung
des Kreismuseums** untergebracht.

Nach ein paar Schritten in Richtung
Weichselufer stehen Sie vor dem massiven Turm der *Johanneskirche aus
dem 14. Jh., deren drei charakteristi-
sche Dächer nicht zu übersehen sind.

Im Altstadtviertel erwarten den Besucher außerdem zwei ganz unterschied-

*Ein Wahrzeichen von Toruń:
das Kopernikus-Denkmal*

liche Gotteshäuser: die barocke *Heilig-Geist-Kirche* (1754–1756) mit ihrem 64 m hohen Turm und die gotische *Marienkirche (nach 1351). Wie es die Ordensregeln der Franziskaner vorschreiben, hat die Kirche keinen Turm.

 Informationen gibt es im Rathaus, Rynek Staromiejski 1, ☎ 056/6 2 37 46.

 Helios, ul. Kraszewskiego 1/3, ☎ 056/6 22 62 44. Unpersönliche, aber komfortable Bettenburg. Ⓢ
Staropolski, Żeglarska 10/14, ☎ 056/6 22 60 60, 🖨 6 22 53 84. Schlichter, aber preisgünstiger als das „Helios" und in der Altstadt gelegen. Ⓢ
⚠ **Tramp,** ul. Kujawska 14, ☎ 056/6 26 41 87. Gut ausgestattet, aber zeitweise sehr voll.

 Staropolska. Solide polnische Küche im Gebäude des Staropolski-Hotels. Ⓢ
Staromiejska, ul. Szczytna 2/4. Italienische Küche inmitten der Altstadt. Ⓢ

 Etliche Kneipen sorgen für abendliche Unterhaltung: **Pod Aniołem** im Keller des Rathauses (Eingang dort, wo ein Engel an der Wand angebracht ist); **Kaitachino** und **Azyl** (ul. Kopernika); **Pub** (ul. Browarna) und **Zamek** – mehr discomäßig – im Pavillon neben der Ordensburg.

Von Toruń nach Płock

Nach der Stadtbesichtigung in Thorn überqueren Sie wieder die Weichsel und bleiben ein kurzes Stück auf der Europastraße 75, um nach 22 km nach *Ciechocinek abzubiegen. Die Hauptattraktion des Heilbades ist das aus dem Jahre 1828 stammende *Gradierwerk.* Es soll das älteste und größte der Welt sein. Heute dient die Anlage nicht mehr der Salzgewinnung: Die salz- und mineralhaltige Luft am Gradierwerk hilft bei Erkrankungen der Atemorgane und soll auch das allgemeine Wohlbefinden steigern.

Alles andere als ein Schmuckstück ist **Włocławek** (Leslau; 110 000 Einw.), 246 km. Die Industriemetropole ist zu einem erheblichen Teil verantwortlich für den katastrophalen Zustand des Weichselwassers. Dennoch lohnt die *Kathedrale* von Włocławek die Anfahrt. Das Bauwerk wurde erst im 14. Jh. in Angriff genommen, obwohl hier schon seit 1124 ein Bischof residierte. Die Kirche beherbergt das Marmorgrab des Bischofs Piotr von Bnin des Künstlers Veit Stoß (1493).

*Płock

Kurz vor Warschau, dem Höhe- und Endpunkt der Fahrt, verdient Płock (135 000 Einw.), 296 km, einen Halt. Die Stadt ist nicht nur ein bedeutendes Zentrum der Erdölindustrie, sondern mit dem Burgberg am hohen Weichselufer auch ein viel besuchtes Touristenziel. Auf dem steilen Hügel erstreckt sich der *Burg– und **Kathedralkomplex,** dessen Ursprünge bis auf das 11. Jh. zurückgehen. Der Innenraum der Kathedrale ist von verschwenderischer Pracht, wenn auch aus dem 19. Jh. In der Königskapelle sind die Grabmäler zweier polnischer Herrscher, Władysław I. Herman und seines Sohnes, zu besichtigen.

Tipp Einzigartig in Polen ist die **Jugendstilsammlung** (Muzeum Mazowieckie, zbiory Secesji, Kunsthandwerk, Möbel, Gemälde, 🕐 Di–Sa 9–15, So, feiertags 10–15 Uhr), die in der Burg der masowischen Herzöge eingerichtet wurde.

 Informationen gibt es in der al. Jachowicza 38, ☎ 024/2 62 44 51.

Petropol, al. Jachowicza 49, ☎ 024/2 62 40 33, 🖨 2 62 44 50. Das beste an diesem Hotel ist seine Lage. Aber Alternativen gibt es nicht. Ⓢ

Nach weiteren 110 km ist **Warszawa, 406 km, erreicht (s. S. 26ff.).

Route 4

Durch den unbekannten Südosten

** Warszawa (Warschau) – ** Kazimierz Dolny – * Lublin – ** Zamość – * Przemyśl – Sanok – Nowy Sącz – * Pieniński Nationalpark – * Zakopane und die ** Hohe Tatra (786 km)

Unberührte Natur, Einsamkeit und Wildnis wechseln sich ab mit Kleinoden wie z. B. Zamość und Krasiczyn. Wer in diesen Orten übernachten möchte, sollte auf jeden Fall rechtzeitig reservieren. Denn der polnische Südosten, das alte Galizien, ist – abgesehen vom Wintersportort Zakopane – touristisch kaum erschlossen. Die Tour ist im Sommer wie im Winter reizvoll. Ohne längere Aufenthalte ist man etwa zehn Tage unterwegs. Das Auto ist in dieser Region das empfehlenswerte Fortbewegungsmittel und die einsamen Bergstraßen der Karpaten sind unter Motorradfahrern als Traumstraßen bekannt.

Von Warszawa nach Zamość

Wer es geschafft hat, den Verkehr ** Warszawas (s. S. 26ff.) in Richtung Dęblin zu verlassen, wird mit einer landschaftlich schönen Strecke belohnt.

In der eher als hässlich zu bezeichnenden Industriestadt **Puławy** versteckt sich der romantische Park der Czartoryski-Familie. Das Gotische Häuschen beherbergte um 1800 das erste öffentliche Museum Polens.

** Kazimierz Dolny

(5000 Einw.), 136 km. Zu Recht wird der Ort als einer der schönsten Polens bezeichnet. Seit Generationen zieht das mediterrane Flair Künstler in seinen Bann. Die Altstadt mit dem hübschen **Marktplatz** ist schon oft auf Leinwand verewigt worden. Die hübschen Schaufassaden am Markt im Stil der Spätrenaissance und des Manierismus zeugen vom Reichtum der Getreidehändler, die der Stadt Wohlstand brachten.

 Man sollte unbedingt das phantasievolle **Hefegebäck** von Cezary Sarzyński (ul. Senatorska), das schon von Paris aus bestellt wurde, probieren.

 Łaźnia, Senatorska 21, ☎ 081/81 02 98. Kleines Hotel ganz in der Nähe des Marktplatzes. Ⓢ
Zajazd Piastowski, ul. Słoneczna 3, ☎ 081/81 03 46. Ⓢ

* Lublin

Von ganz anderem Format und Ambiente ist Lublin (350 000 Einw.), 187 km. Zwei Universitäten, die Katholische und die Staatliche Universität Lublin, bringen Leben in die provinzielle Stadt. Hinzu kommen noch viele Handelsreisende aus den GUS-Staaten.

Der historische Stadtkern wird von der * **Burg** beherrscht. Bedeutendstes Gebäude der Anlage ist die gotische Burgkapelle. Heute beherbergt die hauptsächlich neogotische Anlage ein Museum zur polnischen Malerei, Volkskunst und Archäologie (◯ Mi–Sa 9–16, So 9–17 Uhr).

Unterhalb des Burghügels liegt der mittelalterliche Stadtkern. Im Westen sind Reste der ehemaligen **Stadtmauer** aus dem 14. Jh. mit dem Krakauer Tor (brama Krakowska) erhalten. Wie viele Gebäude der Altstadt zeigt auch die *Kathedrale* ein buntes Stilgemisch. In der benachbarten **Dominikanerkirche** sind besonders die Kuppelkapellen im Stil der Spätrenaissance zu beachten.

 Informationen gibt es in der ul. Krakowskie Przedmieście 78, ☎ 081/5 32 44 12.

Unia, al. Racławicka 12, ☎ 081/5 33 20 61, 🖷 5 33 30 21. Das große Haus bemüht sich um westlichen Standard; gutes Restaurant. Ⓢ

** Zamość

Ein wirkliches Kleinod ist das Renaissancestädtchen Zamość (55 000 Einw.), 272 km. In keiner anderen polnischen oder westeuropäischen Stadt – außer im Heimatland der Renaissance – konnte der Baustil in einer solchen Reinheit bewahrt werden. 1580 wurde Zamość auf Anordnung des polnischen Reichskanzlers Jan Zamoyski mitten in die Wildnis gebaut. Das *Rathaus beherrscht mit seinem 50 m hohen achteckigen Turm, dem ein Barockhelm aufgesetzt wurde, den *Marktplatz. Die zweiflügelige Treppe wurde im 18. Jh. dem Renaissancebau vorgeblendet. Sie passt sich dem Gesamteindruck verblüffend gut an. Der Marktplatz wird von Bürgerhäusern gesäumt, eines schöner als das andere und durch Arkadengänge miteinander verbunden.

Am Marktplatz von Kazimierz Dolny

Zamość ist ein Kleinod original erhaltener Renaissance-Architektur

4

Seite **73**

 Informationen erhältlich am Rynek Wielki 13, ☎ 084/6 27 08 13.

 Jubilat, ul. Wyszyńskiego 52, ☎ 084/6 38 64 00–5, 🖷 6 38 62 15. Die Renovierung hat die alte realsozialistische Zeit gründlich vertrieben. Ⓢ

 Hetmańska, ul. Staszica 7. Die Spezialität des Hauses ist Rollbraten à la Zamoyski. Ⓢ

Von Zamość nach Krosno

Łańcut

Der Weg führt nun durch den nur dünn besiedelten Südosten nach Łańcut (16 000 Einw.), 409 km. Hier befindet sich einer der prächtigsten Magnatenresidenzen Polens. Das frühbarocke, später umgebaute *Schloss im Ostteil des Ortes verfügt über mehr als 300 Räume. Heute ist es zu einem Museum

Glück im Unglück

Zamość kann sich heute in seiner ganzen Schönheit zeigen, da es von den Kriegszerstörungen verschont blieb. Die Nationalsozialisten hatten der Stadt ein besonderes Schicksal zugedacht: Aus dem „deutschen Außenposten" sollten die polnischen Bürger vertrieben werden. Sodann wollte man die Stadt als „Himmlerstadt" mit „Volksdeutschen" neu bevölkern. Die grausame Umsiedlung der Bevölkerung wurde auch tatsächlich begonnen, doch die Geschichte nahm bekanntlich einen anderen Verlauf und Zamość blieb von den Zukunftsvisionen der Nazis verschont.

für Innenarchitektur umgestaltet. Berühmt ist auch das **Kutschenmuseum** Łańcuts im Süden des Schlossparks, das mit über 50 Exponaten die umfangreichste derartige Sammlung in Europa ist (🕐 Di–Sa 9–14.30, So 9–16 Uhr).

 Zamkowy, ul. Zamkowa 1, ☎ 017/2 25 26 71. In einem Teil des Schlosses unterge-

bracht und sicherlich eine der gediegensten Möglichkeiten, auf dieser Tour Quartier zu nehmen. ⑤

*Przemyśl

(65 000 Einw.), 476 km. Die Stadt liegt am Ufer des San. Über Fluss und Altstadt erhebt sich der Schlossberg mit der von Kasimir dem Großen im 14. Jh. angelegten *Burg, die in der Renais-

4

Seite 73

sance umgestaltet wurde. Die Altstadt mit der **Kathedrale** liegt dem Besucher zu Füßen. Der einst gotische Bau (1460) wurde zwischen 1724 und 1744 barock umgestaltet. Fundamente unter der Kathedrale zeugen von einem frühromanischen Vorgängerbau. Im Ersten Weltkrieg spielte die Festung Przemyśl eine Schlüsselrolle in den Kämpfen zwischen Russland und Österreich-Ungarn.

In der Burg von Lublin

ROUTEN 4-6

0   50 km

Polyglott **73**

Das 10 km westlich gelegene Dorf Krasiczyn ist wegen seines berühmten *Schlosses einen Zwischenstopp wert. Der beeindruckende Renaissancebau wurde auf Veranlassung der Familie Krasicki im Jahre 1580 errichtet.

 Ein herrlicher Park umgibt die Anlage des Schlosses, in der ein gutes Hotel auf die müden Reisenden wartet (☎ 016/ 6 71 83 21, Ⓢ).

Sanok

Ab Krasiczyn beginnt der landschaftlich schönste Streckenabschnitt. Die Straße führt in Serpentinen durch die herrliche Gebirgslandschaft. Der Weg führt erst nach Sanok (35 000 Einw.), 548 km. Die Stadt ist der ideale Ausgangspunkt für Ausflüge in die Bieszczady, einen Teil der Waldkarpaten. Interessant ist die Ikonensammlung im **Schloss von Sanok,** das sich am Hochufer des San erhebt, sowie das **Freilichtmuseum,** in dem man u. a. die Volksarchitektur der Lemken und Bojken, zwei hier lebender Ukrainerstämme, kennenlernt.

 Unterkunft bietet das Hotel **Turysta,** ul. Jagiellońska 13, ☎ 013/46 33 09 22. Ⓢ

Nahe Sanok, im 13 km entfernten Lesko, beginnt bzw. endet die *Bieszczady-Schleife, eine rund 100 km lange Ringstraße durch den traumhaft schönen südöstlichsten Zipfel Polens. Wer Wanderschuhe im Gepäck hat, macht

sich sogleich auf den Weg, da herrliche Wege durch die wilde Gebirgswelt locken. Diejenigen, die über ein Zelt und etwas mehr Zeit verfügen, sollten einige Tage bleiben.

Krosno

Die Zivilisation hat uns in Krosno (48 000 Einw.), 589 km, wieder. Werfen Sie vor der Abfahrt noch einen Blick auf den Marktplatz mit seinen für diesen Teil Polens typischen Bürgerhäusern mit Laubengängen.

 Übernachten kann man im **Nafta,** ul. Lwowska 21, ☎ 013/4 32 20 11. Ⓢ

Von Krosno nach Zakopane

Das Freilichtmuseum für historische Erdölförderung erwartet in dem 8 km südwestlich gelegenen **Bóbrka** den Reisenden. Hier arbeitete seit 1854 der Erfinder der Petroleumlampe, Ignacy Łukasiewicz. Weniger technisch Interessierte zieht es gleich in das hübsche Städtchen **Biecz.** Es wurde in seiner Gesamtheit unter Denkmalschutz gestellt.

*Pieniński-Nationalpark

Obwohl **Nowy Sącz** (Neu Sandez; 73 000 Einw.), 688 km, so manche Baudenkmäler sowie das Freilichtmuseum zu bieten hat, kommen die meisten Touristen auf der Suche nach dem ungetrübten Naturerlebnis hierher. Sie steuern den Pieniński-Nationalpark an, den man von Nowy Sącz aus auf einer gut ausgebauten Straße rasch erreichen kann. Mit weniger als 3000 ha ist er zwar einer der kleinsten polnischen Nationalparks, doch er vereint in sich eine Fülle von Naturschönheiten und einen enormen Reichtum an Pflanzenarten.

Höhepunkt ist die **Floßfahrt auf dem Dunajec.** Die langen Flöße werden von einheimischen Goralen (s. S. 76) gesteuert (Ausgangspunkt ist die Anlegestelle Kąty bei Sromowce; in Szczawnica endet die Floßfahrt).

In den Karpaten

Seit 1973 ist der äußere Rand der polnischen Karpaten zum *Bieszczadzki-Nationalpark erklärt. Hier liegt der höchste Gipfel des Gebirges, der Tarnica (1346 m). In den urwüchsigen Nadel- und Buchenwäldern, die die steilen Berghänge bedecken, leben noch Wölfe, Luchse und Braunbären.

4

Seite **73**

Informationen gibt es in der ul. Długosza 21,
☎ 018/4 42 37 24.

 Beskid, ul. Limanowskiego 1,
☎ 018/4 42 07 70. Zentral gelegen, mit Café, Imbissstube und Diskothek. ⑤
Panorama, ul. Romanowskiego 4a,
☎ 018/4 42 00 00. ⑤
△ ul. Jamnicka 2, ☎ 018/4 32 27 23.

Nowy Targ und Dębno

 Das Industriezentrum **Nowy Targ** (Neumarkt; 28 000 Einw.), 765 km, lohnt nur am Donnerstag: Am Markttag sieht man hier Folklore live – vom Holzspielzeug bis zur Kuhglocke.

Pflichtprogramm ist aber ein Ausflug nach **Dębno,** wo man die ** *Erzengel-Michael-Kirche* aus dem 15. Jh. besuchen sollte, eines der wertvollsten Baudenkmäler Polens – aus Lärchenholz und ganz ohne Metallnägel.

*Zakopane und die **Hohe Tatra

Am Fuße der Hohen Tatra liegt **Zakopane** (33 000 Einw.), 786 km. Die Wintersportmetropole Polens verfügt über mehrere Sprungschanzen und gut ausgebaute Skipisten. Inzwischen hat sich das ehemalige Goralendorf zu einer geschäftigen Stadt entwickelt. Aber in den vielen umliegenden kleineren Ortschaften kann der Erholungsuchende durchaus noch die Ruhe der Bergwelt genießen. Das *Tatra-Museum* informiert über das Brauchtum der Goralen (ul. Krupowki 10, ◷ Mi–So 9–15 Uhr, Juli/Aug. auch Di und bis 16.30 Uhr).

Tipp Auch für Sprachunkundige ist das **Avantgarde-Theater** von Witkacy (Teatr Witkacego, ul. Chramcówki 15, ☎ 018/2 06 82 97) ein beeindruckendes Erlebnis.

Der wunderschöne Bergsee ***Morskie Oko** (35 ha, 1400 m ü. d. M.) hat sich

Im Schloss von Łańcut

Goralen steuern die Flöße auf dem Dunajec

4

Seite **73**

In Zakopane

Die Hohe Tatra

Das gesamte Gebiet der Hohen Tatra (Tatry) ist zu zwei Nationalparks erklärt worden, einem polnischen und einem slowakischen. Gipfel von mehr als 2000 m Höhe verleihen dem Gebiet alpinen Charakter. Die Ausflugsmöglichkeiten sind vielfältig und bieten für jeden etwas. Alle Wege sind gut markiert.

zum beliebtesten Ausflugsziel entwickelt und ist bequem zu erreichen.

 Informationen gibt es in der ul. Kościuszki 23, Zakopane, ☎ 018/2 01 22 11.

 Kasprowy, ul. Polana Szymoszkowa 1, ☎ 018/2 01 40 11-20,

☎ 2 01 52 72. Am Berghang des Gubałówka: Restaurants, Nachtlokal, Minigolfanlage. ⓢ))
Biały Potok, ul. Droga do Białego 7, ☎ 018/2 01 43 80, 2 01 49 03. Das ehemalige Erholungsheim der Regierung hat nur wenige Zimmer. ⓢ
Morskie Oko, ul. Krupówki 30, ☎ 018/2 01 56 10. Preiswertes Hotel an der bekanntesten Straße. ⓢ
⚠ ul. Żeromskiego 26, ☎ 018/2 01 22 56.

 Wierchy, Tetmajera 2; **Olbrachtówka,** Kraszewskiego 10; **U Wnuka,** Kościeliska 8. Drei beliebte Restaurants, die letzten beiden sind nach typischer Goralenart eingerichtet. ⓢ

Fronleichnamsprozession in Łowicz

Die Goralen: Kunst und Käse der Karpaten

Die markanteste Volksgruppe Polens sind zweifellos die Goralen, die in der Abgeschiedenheit des Talkessels Podhale nördlich der Hohen Tatra ihre eigene Kultur bewahren konnten. Auch wenn die Tatra längst touristisch erschlossen ist, halten die Goralen doch stolz an ihren Traditionen fest. Sie pflegen weiterhin ihr Brauchtum, ihren Dialekt und tragen die Trachten nicht nur, wenn Touristen kommen.

Augenfälligstes Beispiel der goralischen Kultur ist die typische Holzarchitektur, die man noch in vielen kleineren Bergdörfern bewundern kann (z. B. Chochołów). Dass es hier so viele kunstvoll ausgestattete Häuser gibt, lässt sich kurioserweise auf die einstige Armut dieser Karpatenregion zurückführen: Über Generationen hinweg sahen sich Goralen gezwungen auszuwandern, um der Not in der Heimat zu entgehen. Die meisten von ihnen zogen nach Amerika. Es war Familienpflicht,

den in der Heimat Verbliebenen auch weiterhin Hilfe zukommen zu lassen. Das führte dazu, dass das einst abgeschieden lebende Volk der Goralen im Nachkriegspolen die Volksgruppe mit den meisten internationalen Kontakten war. Der Dollarsegen, der sich über die Bergbewohner ergoss, ließ hier große reiche Höfe entstehen, während anderenorts die privaten Bauernhöfe verfielen. Heute gelten die einst armen Bergbauern in Polen als reiche Leute.

Inzwischen verdienen sie auch am Tourismus, indem sie Zimmer an die „Cepry" vermieten, wie die Goralen alle Flachländer nennen. Einige leben aber auch weiterhin als Hirten vor allem von der Schafzucht. Die beiden berühmten goralischen Käsesorten, die Bryndza, ein quarkähnlicher pikanter Frischkäse, und der Oscypek, ein geräucherter Hartkäse, werden heute noch nach altüberlieferten Verfahren hergestellt.

4

Seite
73

Route 5

Schlesische Gegensätze

*** Kraków (Krakau) – Częstochowa (Tschenstochau) – Opole (Oppeln) – * Wrocław (Breslau) – ** Riesengebirge – Zgorzelec/Görlitz (511 km)

Mittelpunkt der Fahrt ist die alte schlesische Metropole Breslau. Die landschaftliche Schönheit Schlesiens, alte Kurorte und Wandertouren durch das Riesengebirge erwarten den Reisenden ebenso wie Kunstschätze von Weltrang von Krakau bis Görlitz. Unübersehbar sind jedoch auch die Umweltsünden, die diesem Teil Polens arg zu schaffen machen. Polnischen Katholizismus erlebt man in einem der meistbesuchten Wallfahrtsorte der Welt: in Tschenstochau, einem religiös-touristischen Ereignis. Wer sowohl Natur als auch Kultur genießen möchte, sollte sich mindestens sechs Tage Zeit nehmen. Eine Besteigung der Schneekoppe oder eine längere Wanderung durch das Riesengebirge wären sicher ein paar Urlaubstage mehr wert. In allen Orten der Rundtour finden sich neu eröffnete kleine Pensionen, so dass die Zimmersuche hier kein Problem sein sollte.

* Ojcowski-Nationalpark

Nach dem Kulturzentrum *** Kraków (s. S. 36ff.) bietet der Ojcowski-Nationalpark nur wenige Kilometer nördlich der Stadt ein willkommenes Kontrastprogramm. Die landschaftliche Schönheit dieses Karstgebietes muss einfach jeden begeistern. Das Wahrzeichen des Parks ist die berühmte **Herkuleskeule**, ein eigenartiges Felsgebilde direkt an der Straße. Sie liegt beim Ort Pieskowa Skała, der außerdem ein * **Renaissanceschloss** mit elegantem Arkadenhof

zu bieten hat. So manch einer wird sich vielleicht spätestens dann nach der Stille des Ojcowski-Nationalparks zurücksehnen, wenn Oberschlesien in Sicht kommt und sich mit der „Huta Katowice" (bei Dąbrowa Górnicza) vorstellt. Heute weiß keiner mehr etwas mit diesem Mammutbetrieb aus der Gierek-Epoche (1970 bis 1980) anzufangen.

Częstochowa

In dem Wallfahrtsort Częstochowa (Tschenstochau; 250 000 Einw.), 126 km, der zu den meistbesuchten der ganzen Welt zählt, geht es keineswegs nur ruhig und andächtig zu. Millionen gläubiger Katholiken ziehen jährlich zum Klosterhügel, dem Jasna Góra (Heller Berg). Ziel ihrer Wallfahrt ist eine kleine Ikone unbekannten Alters: die

Schwarze Madonna

Wie um ihre „schwarzen Schwestern", den Madonnen von Montserrat, Altötting und Guadalupe, ranken sich auch um die Tschenstochauer Madonna viele Legenden. Tatsächlich zählt das Bild einfach zu dem Typus einer in besonders dunklen Farben gehaltenen byzantinischen Ikone.

In keinem anderen Land der Welt hat ein einzelnes Kunstwerk über Jahrhunderte hinweg eine solche religiöse, gesellschaftliche, vor allem aber politische Bedeutung gehabt wie die Schwarze Madonna in Polen. Im Ersten Nordischen Krieg stand die Schwarze Madonna den polnischen Patrioten bei und so konnten die Schweden 1655 Tschenstochau nicht einnehmen. Dieser militärisch eher unbedeutende Erfolg hatte eine symbolhafte Wirkung und führte dazu, dass die Schweden aus ganz Polen vertrieben werden konnten. 1717 wurde die Madonna offiziell zur „Königin von Polen" ernannt.

** Schwarze Madonna, 1384 von Herzog Władysław von Oppeln gestiftet. Das Kloster selbst ist eine Gründung des Paulinerordens (1382). Heute beherrscht die gotische ***Klosterkirche** aus dem Jahre 1463, umgeben von Bollwerken und Klostergebäuden, die Gesamtanlage.

Das Bildnis der Schwarzen Madonna befindet sich über einem frühbarocken Altar aus Ebenholz und Silber. Normalerweise ist es mit einem Tuch verdeckt, wird aber mit großem Zeremoniell täglich enthüllt (von der ersten Messe bis mittags zu sehen). Massen von Gläubigen und Touristen drängen sich vor der Madonna. Man vergisst fast, die Schatzkammer mit Reliquien und den Rittersaal des Klostergebäudes zu besichtigen, die jedes für sich genommen schon eine Touristenattraktion wären.

Częstochowa (Tschenstochau) ist der berühmteste Wallfahrtsort Polens

Der Annaberg – deutsch–polnischer Schicksalsberg

Viele gebürtige Schlesier zieht es während ihres Polenbesuchs zum Annaberg (Góra Świętej Anny). Er liegt etwa 30 km südlich der Stadt Oppeln (Opole) und gilt gemeinhin als der „deutsch-polnische Schicksalsberg". Traurige Bedeutung für das Verhältnis zwischen Deutschen und Polen erlangte der Annaberg im Jahre 1921.

Nachdem bei der Volksabstimmung über den Verbleib Oberschlesiens im Deutschen Reich am 20. März 1921 60 % der Stimmberechtigten für Deutschland votiert hatten, erhoben sich am 2. Mai polnische Oberschlesier und besetzten den Annaberg. Deutschen Selbstschutzverbänden unter General Höfer gelang es nach einer blutigen Schlacht am 21. Mai, die Anhöhe einzunehmen.

Wenngleich dieser Berg von keinerlei strategischer Bedeutung war, hatte der Kampf um ihn doch eine nachhaltige psychologische Wirkung. Sowohl für Polen als auch für Deutsche wurde der Annaberg zum Symbol des jeweiligen Anspruches auf Schlesien.

Das im Jahre 1934 errichtete deutsche Denkmal wurde nach dem Zweiten Weltkrieg von den Polen gesprengt, um an seiner Stelle ein entsprechendes polnisches Mahnmal aufzustellen. Das ebenfalls 1934 errichtete Amphitheater behielt auch unter polnischer kommunistischer Herrschaft seine Funktion als Veranstaltungsort nationalistischer Propagandaveranstaltungen.

Der Annaberg ist seit Generationen aber auch das Ziel von zahlreichen Wallfahrern, die zu dem 1656 gegründeten Franziskanerkloster Sankt Anna (klasztor Świętej Anny) ziehen. Aus 400 m Höhe schweift der Blick über das weitläufige Odertal. Die Landschaft ist aber alles andere als malerisch: Wo früher Bäume standen und Vögel flogen, blasen heute Kokereien und die Chemiewerke von Kędzierzyn-Koźle Giftstoffe in die einst so unberührte Natur.

5

Seite 72

... ul. ks. Popieluszki 2,
☎ 034/3 24 70 01,
🖶 3 24 63 32. Bestes Haus
am Ort. $

Motel Orbis, ul. Wojska Polskiego 281,
☎ 0 34/3 61 02 33, 🖶 3 65 56 07. Großes, komfortables Haus außerhalb der
Stadtmitte. $

△ **Oleńka,** ul. Oleńki,
☎ 034/24 74 95.

Panorama, ul. Pilawki 2,
☎ 0 34/22 11 21.
$

Opole

Nun geht es nach Opole (Oppeln;
120 000 Einw.), 224 km. Eine kleine
Überraschung bietet das **Rathaus,** das
auch hier den von Patrizierhäusern
umgebenen Marktplatz beherrscht.
Man fühlt sich an Italien erinnert. Und
tatsächlich ist der Bau eine – wenn
auch graue – Nachbildung des Palazzo
Vecchio in Florenz. Keinen Etiketten-
schwindel betreiben die Sakralbauten
der Stadt. Die **Kathedrale** ist wirklich
ein gotisches Bauwerk und geht auf
das 15. Jh. zurück. Auch das **Franziskanerkloster** mit der Kirche ist ein Original aus der Mitte des 14. Jhs.

Informationen gibt es in der
ul. Książat Opolskich 22,
☎ 077/54 50 80.

Opole, ul. Krakowska 59,
☎ 077/83 86 51, 🖶 83 60 75.
Großes Hotel nahe dem
Bahnhof, in dem besonders die Apart-
ments einen für die Kategorie unge-
wöhnlichen Luxus bieten. $

Bevor man weiterfährt, bietet sich ein
Halt im **Oppelner Dorfmuseum** an, das
bereits außerhalb der Stadt liegt. In
dem Freilichtmuseum sind historische
bäuerliche Holzbauten der Umgebung
wieder aufgebaut worden (🕐 Di–So
10–17 Uhr).

Brzeg

(Brieg; 37 000 Einw.), 267 km. Bedeutung erhält der Ort durch einen Bau des
Hochadels, denn das *Schloss, das sich
um einen Hof mit mehrgeschossigen
Arkaden zieht, geht auf das slawische
Fürstengeschlecht der Piasten zurück.
Es ist eines der bedeutendsten Renais-
sancedenkmäler Polens und wurde vermutlich dem Wawel-Schloss in Krakau
nachempfunden. Das prächtige Tor
zeigt übereinander geordnet die Könige
und Herzöge der Piasten-Dynastie Polens und Schlesiens. Das Schlossmu-
seum besitzt viele Stücke, die an die
Piasten erinnern, u. a. einige Prunk-
särge (🕐 Mi–So 10–16 Uhr).

*Wrocław

(Breslau), 309 km. Die Sehenswürdigkeiten liegen alle in und um den alten
Stadtkern in Fußwegnähe. Die Stadt
(643 100 Einw.) verdankt ihre Entwicklung der günstigen Lage an der Oder
und wechselte im Laufe ihrer Geschichte mehrmals die Staatsangehörigkeit.
Schon als Schlesien noch wichtigste
Provinz des alten polnischen Piasten-
Staates war, bildete Breslau das Zentrum der Region. Im Jahre 1335 geriet
es unter böhmische Herrschaft, ab 1526
gehörte es den Habsburgern und 1741
schließlich wurde die Stadt von den
Preußen erobert.

Die jüngste Geschichte machte aus der
mittlerweile ins Deutsche Reich einge-
brachten Stadt wieder eine polnische.
In Breslau fanden nach Flucht und Vertreibung der deutschen Bevölkerung
vor allem polnische Vertriebene aus der
heutigen Ukraine, besonders aus Lemberg (poln. Lwów), eine neue Heimat.

Die meisten der im Krieg zerstörten
historischen Bauten wurden rekonstruiert. So erstrahlt das **Rathaus ❶** auf
dem Altstadtmarkt heute wieder im alten Glanz. Es beherrscht mit seiner
kunstvollen Blendmaßwerkfassade den
Markt und gilt zu Recht als einer der
bedeutendsten gotischen Profanbauten

Mitteleuropas. Die restaurierten Rathaussäle mit Intarsientafelwerk, Renaissancemalereien und prächtigem Gewölbe können besichtigt werden.

Tipp Der **Bierkeller** des Rathauses – angeblich ist er schon im 15. Jh. eingerichtet worden – lädt heute wie einst durstige Breslauer und Touristen an Theke und Tische.

Nicht weit entfernt sieht man den roten Ziegelbau der **Maria–Magdalenen–Kirche** ❷ aus dem 14. Jh. Besonderes Augenmerk verdient ein in die Außenwand eingelassenes romanisches Portal aus dem 12. Jh., das aus einem nahe gelegenen Kloster stammt. Über dem Marktplatz erhebt sich der Turm der gotischen **Elisabeth–Kirche** ❸, der der höchste der Stadt ist.

Im Norden der Altstadt, also schon am Oderufer, liegen die Gebäude der ★**Uni–**

Der Marktplatz von Wrocław (Breslau)

❶ Rathaus
❷ Maria-Magdalenen-Kirche
❸ Elisabeth-Kirche
❹ Universität
❺ Maria auf dem Sande
❻ Heiligkreuzkirche
❼ Dom
❽ Nationalmuseum
❾ Racławice-Panorama

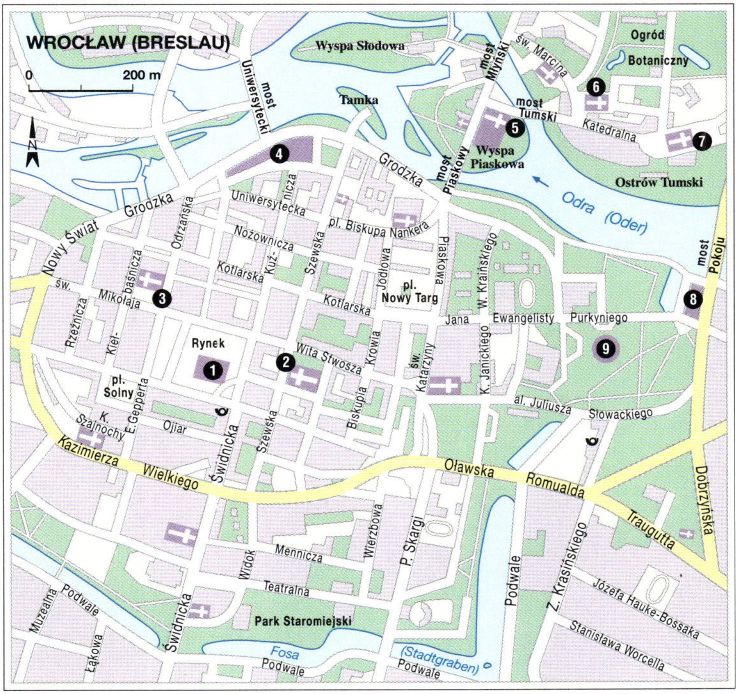

5

Seite **81**

[Map: WROCŁAW (BRESLAU)]

versität **❹**. Das Hauptgebäude, das Collegium Maximum, wurde in den Jahren 1728 bis 1741 erbaut. Im Innern kann man die *Leopoldina-Aula* bewundern, die sicherlich einer der schönsten Barocksäle Polens ist.

Nun geht es über die Oderbrücke auf die *Sandinsel* (Piasek). Hier erhebt sich die Kirche ***Maria auf dem Sande ❺** (kościół NM Panny na Piasku), ein typisch gotischer Hallenbau mit drei Schiffen. Über eine kleine Brücke führt der Weg hinüber zur *Dominsel* (Ostrów Tumski), die nach der Aufschüttung eines Oderarmes heute im eigentlichen Sinne keine Insel mehr ist.

Man gelangt aber zunächst nicht zum Dom selbst, sondern zur **Heiligkreuzkirche ❻**. Kurioserweise beherbergt das elegante gotische Bauwerk gleich zwei Kirchen. Im unteren „Geschoss" – das einer großen Krypta gleicht – befindet sich die griechisch-katholische (uniierte) Bartholomäus-Kirche, darüber die Kreuzkirche.

Vorbei an der Erzbischöflichen Residenz aus dem 18. Jh. gelangt man schließlich zum ***Dom ❼**, dem imposantesten Bauwerk der Insel. Der gewaltige Sakralbau, der schon im 13. Jh. begonnen wurde, überragt seine gesamte Umgebung. Interessant sind die drei Kapellen des Chorumgangs: die südliche Elisabeth-Kirche als Beispiel italienischen Hochbarocks, die gotische Marienkapelle sowie die ovale Kurfürstenkapelle, Beispiel habsburgischen Barocks.

Das ***Nationalmuseum ❽** (Muzeum Narodowe, ◔ Di–So 10–16 Uhr) bietet einen umfassenden Überblick über die schlesische Kunst.

Nicht weit entfernt liegt ein äußerlich wenig dekorativer Rundbau aus jüngerer Zeit, der ein Touristenmagnet ist. Hier befindet sich das **Racławice-Panorama ❾** (◔ Di–So 9–16 Uhr).

Informationen zu Breslau gibt es in der Rynek 14, ☎ 071/72 44 66, 44 31 11.

Vater des 3D

Das Racławice-Schlachtenpanorama hat die immensen Ausmaße von 150 m Länge und 15 m Höhe. Derartige Gemälde, die in einem runden Gebäude aufgespannt wurden und somit Dreidimensionalität vortäuschten, waren im 19. Jh. eine beliebte Volksbelustigung, bis sie vom Kino verdrängt wurden. Hier können Sie die siegreiche Schlacht 1794 gegen die Russen bewundern, 1893 in Lemberg auf die Leinwand gebannt.

Wrocław, ul. Powstańców Śląskich 7, ☎ 071/61 46 51, 🖷 61 66 17. Im Stadtzentrum; verfügt neben Hallenbad, Sauna und Solarium über behindertengerechte Einrichtungen. Ⓢ⟩⟩
Monopol, ul. Modrzejewskiej 2, ☎ 071/3 43 70 41, 🖷 44 80 33. Eines der ältesten Luxushotels Polens, mehr Patina als Komfort. Ⓢ⟩
△ ul. Olimpijska 35, ☎ 071/48 46 51.

Neben den Hotelrestaurants ist besonders das **Królewska,** Rynek 4, hervorzuheben, das allerdings nicht billig ist. Ⓢ⟩⟩
Das zweite gute Restaurant am Marktplatz ist **„Dwór Polski"**, Rynek 5. Ⓢ⟩

Das bei Studenten sehr beliebte **Jatki** in den alten Fleischbänken hinter der Elisabethkirche (ul. Odrzańska) bietet Rockmusik. Im **Irish Pub** (pl. Solny) wird Jazz oder Irish Folk gespielt, das **Szalony Koń** (Rynek Główny, Ostseite) ist Treffpunkt der Jugend.

*Świdnica

(Schweidnitz; 60 000 Einw.), 360 km. Südwestlich von Breslau wartet ein Baudenkmal, das selbst den Kunstmuffel aufblicken lässt: die protestantische ***Friedenskirche,** heute Dreifaltigkeitskirche aus dem 17. Jh. Am beeindruckendsten ist der Kontrast zwischen

dem eher bescheidenen Fachwerk außen und der Pracht im Innern. Laut
Verordnung der erzkatholischen Habsburger Monarchie durfte beim Bau pro-
testantischer Kirchen nur Holz, Lehm,
Sand und Stroh verwendet werden.
Dies galt aber nicht für die Innenräume: Altar, Kanzel und Orgel erglänzen
in strahlendem Gold.

Wałbrzych

Im Verlauf der Fahrt ist nicht mehr zu
übersehen, wie sehr das Land von der
industriellen Ausbeutung gezeichnet
ist. Inmitten weiter Abraumhalden und
zahlreicher Hüttenwerken liegt Wałbrzych (Waldenburg; 140 000 Einw.),
383 km. Die Industriestadt an sich ist
wenig attraktiv, interessant aber sind
die Orte der Umgebung.

Lohnendstes Ausflugsziel ist zweifellos
die 6 km nördlich gelegene *Burg Fürstenstein (zamek Książ), die größte
Burg Schlesiens. Sie wurde Mitte des
16. Jhs. an der Stelle einer älteren Anlage aus dem 13. Jh. errichtet und im
19. Jh. umgebaut. Ab 1941 begannen

Das Rathaus von Wrocław (Breslau)

Der Dom von Wrocław (Breslau)

5

Seite
72

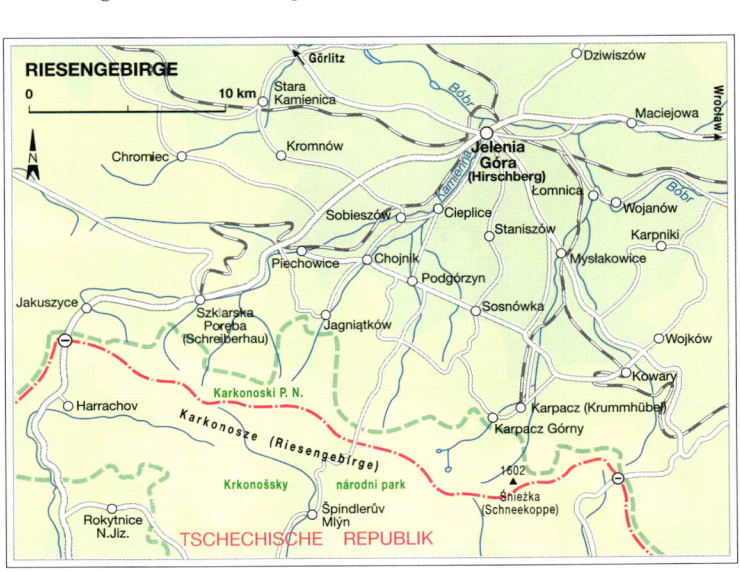

die Nationalsozialisten, die Burg zu einem ihrer Führerhauptquartiere umzubauen und zerstörten dabei zahlreiche Innenräume. Hitler hat dieses Quartier jedoch nie bezogen.

Ein anderer Touristenmagnet ist das ca. 20 km von Wałbrzych entfernte ****Kloster Grüssau** in Krzeszów. Es ist die bedeutendste spätbarocke Klosteranlage Schlesiens (13. Jh. gegründet). Beherrschend ist die eindrucksvolle Zweiturmfassade der *Marienkirche* mit ihrem reichen plastischen Schmuck. Von außen kann man den reichen Schatz der *Josephskirche*, die ganz in der Nähe liegt, nicht erahnen. Die Fresken im Inneren schuf Michael Willmann (1630–1706). Beim Anblick seiner Malerei versteht man, warum er den Beinamen „schlesischer Rembrandt" bekommen hat.

Jelenia Góra

(Hirschberg; 95 000 Einw.), 445 km. Auch hier wird man daran erinnert, dass die Route inzwischen durch die Sudeten läuft. Die Stadt wurde in einem Talkessel angelegt. Der Marktplatz mit dem Rathaus aus dem 18. Jh. ist der Mittelpunkt der Altstadt. Hirschberg ist ein guter Ausgangspunkt für Ausflüge in die reizvolle Bergwelt. Touristisches Zentrum ist der alte Kurort **Cieplice Śląskie Zdrój** (Bad Warmbrunn) mit seinen heißen, schwefeltigen Quellen. Goethe unternahm von hier aus Ausflüge zur **Schneekoppe.**

 Informationen gibt es in der ul. 1. Maja 42, Jelenia Góra, ☎ 075/7 52 40 54.

 Jelenia Góra, ul. Sudecka 63, ☎ 075/7 64 64 80, 🖶 7 52 62 69. Mit Bade- und Saunaeinrichtungen, Fitnessraum; behindertengerechte Einrichtungen. Ⓢ)) **Cieplice** im Ortsteil Cieplice, ul. Cervi 11, ☎ 075/7 55 10 41. Von außen wenig einladend, innen aber akzeptabel. Ⓢ)

△ ul. Sudecka 42

**Das Riesengebirge

Die berühmte **Śnieżka,** mit 1602 m der höchste Berg des *Karkonosze* (Riesengebirges) – ein Gebirgskamm der Sudeten –, ist auch heute noch ein beliebtes Wander- und Erholungsgebiet.

Die schönsten Teile des Riesengebirges wurden zu einem 56 km² großen **Nationalpark** *(Karkonoski Park Narodowy)* erklärt. Mittendurch verläuft die Grenze zur Tschechischen Republik. Der polnische Teil ist zwar der kleinere, aber keineswegs weniger interessant als der tschechische. Der Berg ist leicht zu bezwingen, zumal ein Stück des Wegs mit dem Sessellift zurückgelegt werden kann. Der einst bewaldete Gipfel wurde schon vor Generationen abgeholzt. Die Umweltverschmutzung machte alle Wiederaufforstungsversuche zunichte.

Lassen Sie sich für die letzten Kilometer durch das Riesengebirge ausreichend Zeit. Noch schnell genug werden Sie die herrliche Gebirgslandschaft hinter sich lassen müssen.

In **Zgorzelec/Görlitz,** 511 km, hat man die deutsche Grenze erreicht.

Route 6

In die Wiege des polnischen Staates

** Warszawa (Warschau) – Gniezno (Gnesen) – *Poznań (Posen) – Świecko / Frankfurt/Oder (522 km)

Die Fahrt verläuft von Warschau aus immer Richtung Westen. Das Gebiet um Posen, das sogenannte Großpolen, gilt als Kernland des polnischen Nationalstaates. Die Messestadt Posen ist die wirtschaftlich, kulturell wie historisch wichtigste Stadt Westpolens. Kalkulieren Sie mindestens drei Tage ein. Ein Problem kann die Hotelsuche darstellen, in Posen besonders zu Messezeiten. Frühzeitige Reservierung ist daher angeraten.

Von Warszawa nach Gniezno

Den Lärm von ** Warszawa (s. S. 26ff.) noch in den Ohren, erreichen Sie bald zwei verwunschene Orte: Nach 77 km biegen Sie links ab und kommen nach *Nieborów. Der *Barockpalast* zeugt vom Zeitgeschmack des 18. Jhs. Er gehörte zum Besitz der Radziwiłłs, einer reichen polnisch-litauischen Adelsfamilie, und wird von weitläufigen Gärten umgeben. Der Palast beherbergt eine umfangreiche Kunstsammlung, die in ihrer Anordnung – antike Skulpturen neben Kunsthandwerk – recht eigenwillig ist.

Schon der Name des nächsten Dorfes, *Arkadia, weckt Sehnsüchte. Und tatsächlich verdankt der Ort seine Existenz der Sehnsucht einer Frau nach dem sagenumwobenen Arkadien. Helena Radziwiłł ließ sich hier ihr privates Paradies bauen. Der malerische *Landschaftsgarten* mit seinen künstlich an-

Winter im Riesengebirge

Stabholzkirche Vang

Seite 73

6

Souvenir, Souvenir...

gelegten Teichen und Bächlein lädt zum Lustwandeln ein. Ein klassizistischer Diana-Tempel, ein Aquädukt und das „Haus des Hohepriesters" vervollständigen das Bild und vermitteln einen Eindruck vom Zeitgeschmack des 18. Jhs.

*Łowicz

(30 000 Einw.), 91 km. Die Stadt ist bekannt für ihre traditionelle Fronleichnamsprozession, bei der sich die Łowiczer stolz in ihren berühmten Trachten zeigen. Im volkskundlichen **Museum** bekommt man einen Überblick über Brauchtum und Kunsthandwerk der Region: Zu sehen sind u. a. kunstvolle Scherenschnitte, handgewebte Stoffe und natürlich Trachten (🕐 Di–So 10–16 Uhr).

 Informationen gibt es am Rynek Kościuszki 12, ☎ 046/8 37 32 69.

 Zajazd Łowicki, ul. Blich 36, ☎ 046/8 37 41 64. Wer nicht mehr bis nach Gnesen fahren möchte, bezieht Quartier in dieser schlichten Unterkunft. Ⓢ

*Zisterzienserkloster von Ląd

In Ląd, 218 km, fügt sich nahe der Warthe eine Klosteranlage von besonderer Schönheit in die malerische Landschaft ein. Das ehemalige Zisterzienserkloster lohnt auf jeden Fall einen Halt. Es wurde 1175 von Zisterziensermönchen aus dem rheinischen Altenberg gegründet. In den folgenden sechs Jahrhunderten wurde die Anlage ständig erweitert, ergänzt und umgestaltet. Der dominierende Stil der Klosterkirche in ihrer heutigen Gestalt ist der Barock.

Gniezno

Über kleine reizvolle Nebenstraßen erreichen Sie Gniezno (Gnesen; 70 000 Einw.), 285 km, das zum touristischen Pflichtprogramm gehört. Es war die erste Hauptstadt des Königreichs Polen. Wie eh und je überragt

die **** Kathedrale** aus dem 14. Jh. die Stadt. Ihr wertvollster Kunstschatz sind die romanischen *Bronzetüren* (im Westteil des Südschiffes) aus der Zeit um 1170, die vermutlich in Lütticher Werkstätten gegossen wurden. Auf den Türflügeln werden Szenen aus dem Leben des hl. Adalbert, polnisch Wojciech, dargestellt, neben dem hl. Stanislaus der wichtigste Heilige Polens und auch Böhmens. Die Gebeine des hl. Adalbert ruhen in einem Sarkophag in der Mitte des Hauptschiffes.

 Informationen gibt es an der pl. Franciszkańska 14, ☎ 061/4 26 36 60.

 Mieszko, ul. Strumykowa 2, ☎ 061/4 26 46 66, 📠 4 26 46 25. Bestes Haus. Ⓢ

 Gwarna, ul. Mieszka I 16. Gute Regionalküche. Ⓢ

Tipp Um der unterentwickelten touristischen Infrastruktur in Gnesen zu entfliehen, kann man 14 km südlich in **Czerniejewo** Quartier beziehen. In der dortigen Schlossanlage (ul. Gen. Lipskiego 5, ☎ 061/4 27 38 64) stehen Unterkünfte unterschiedlichen Standards bereit, ein Restaurant ist angeschlossen. Preise je nach Unterkunft, das Preis-Leistungs-Verhältnis ist gut.

Abstecher nach Biskupin

Noch weiter in die Vergangenheit zurückversetzt fühlt man sich in Biskupin. Der 38 km nördlich von Gnesen gelegene Ort ist für seine bis ins 6. Jh. v. Chr. datierten archäologischen Funde berühmt. Angehörige eines untergegangenen Kulturkreises, der sogenannten Lausitzer Kultur, hatten sich in der Eisenzeit auf einer Insel des Biskupin-Sees eine *Wehrburg errichtet. Inzwischen wurde die Ansiedlung zum Teil rekonstruiert. Von Biskupin nach Posen fährt man entweder wieder zurück nach Gnesen oder, wenn mehr Zeit und eine gute Karte zur Verfügung stehen, über hübsche Dörfer.

*Poznań

Der günstigen Lage an der Bernstein-
straße, einer im Mittelalter viel befah-
renen Nord-Süd-Verbindung zwischen
der Ostseeküste und dem Mittelmeer,
verdankt Posen (582 800 Einw.
335 km), seine Bedeutung als Handelsmetropole. Die Tradition als Messestadt
geht auf das 15. Jh. zurück, als einige
geschäftstüchtige Posener die erste offizielle Handelsmesse abhielten, die
bald in den einschlägigen Kreisen
selbst im Nahen und Fernen Osten bekannt war.

Immer hat es die mehr als 1000 Jahre
alte Stadt schwer gehabt, sich als poli-
tisches und kulturelles Zentrum – das
Posen tatsächlich auch immer war und
ist – darzustellen, so stark war das Krä-
merimage der Posener. Im 19. Jh. gehörte die Stadt zu Preußen, was dazu
führte, das den Posenern bis heute
preußische Tugenden nachgesagt werden: Tüchtigkeit und Zuverlässigkeit.
Andererseits seien sie aber weniger
gastfreundlich und phantasieloser als
es die Polen von sich selbst behaupten.

*Die Bronzetür des Doms von
Gniezno (Gnesen)*

❶ Denkmal für die Opfer
   vom Juni 1956
❷ Kulturpalast
❸ Nationalmuseum
❹ Alter Markt
❺ Pfarrkirche
❻ Dominikanerkirche
❼ Adalbert-Kirche
❽ Dom
❾ Jezioro Maltańskie

6

Seite
87

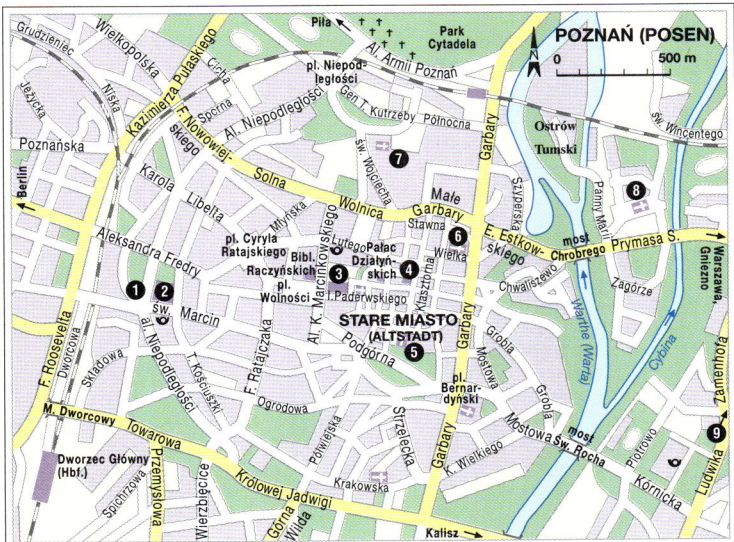

Wer das Messegelände westlich des Stadtkerns verlässt und sich in das historische Herz Posens begibt, wird mit dem **Denkmal für die Opfer vom Juni 1956 ❶** an die jüngste Geschichte Polens erinnert. Gemeint ist eine Erhebung der Arbeiter gegen die kommunistische Herrschaft. Gegenüber dem Denkmal erhebt sich wuchtig der graue Klotz des **Kulturpalastes ❷,** das ehemalige Schloss Wilhelms II. im neoromanischen Stil. Die Schwellenangst sollte man überwinden, denn fast immer sind hier interessante Ausstellungen zu ganz unterschiedlichen Themenbereichen zu sehen. Bei einem Bummel entlang der Hauptgeschäftsstraße, Święty Marcin, präsentiert sich Posen dem Besucher als moderne Großstadt.

Die Altstadt

Von hier führt der Weg den Kunstfreund zunächst ins * **Nationalmuseum ❸** (Muzeum Narodowe, ☉ Di, Sa 12 bis 18, Mi, Fr 10–16, Do, So 10–15 Uhr).

Schräg gegenüber auf dem plac Wolności fällt der repräsentative Bau der *Raczyński-Bibliothek* ins Auge; seine prunkvolle klassizistische Fassade untergliedern 24 korinthische Säulen (1829). Die Bibliothek steht für das weitgehend spannungsfreie Zusammenleben von Polen und Deutschen am Anfang des 19. Jhs.

Am *Działyński Palais,* einem Bürgerhaus von 1773, das sich in einem eigenartigen Stilgemisch aus Spätbarock

und Klassizismus zeigt, betreten wir den * **Alten Markt ❹**. Geschmückt wird der Marktplatz durch das ** **Rathaus,** ein sehr gutes Beispiel polnisch-italienischer Profanarchitektur. Es verdankt sein heutiges Aussehen einer Umbaumaßnahme des 16. Jhs. und zeigt sich nun im schönsten Renaissancestil. Blickfang ist die reich gegliederte und mit Sgraffiti, d. h. mit Kratzputz-Ornamenten verzierte Hauptfassade. Eine dreigeschossige Loggia mit Arkadengängen bildet die Schaufassade, die oben mit einer hohen Attika schließt. Aufnahme im Rathaus fand das *Historische Museum* (☉ Mo, Fr 10–16, Di, Mi 12–18, Do, So 10–15 Uhr). Vielleicht noch mehr als die Exponate interessieren den Besucher dort die originalen Renaissanceräume, darunter der schöne Große Saal.

In der ulica Gołębia thront die * **Pfarrkirche** Posens (kościół farny) ❺, von den Jesuiten in der zweiten Hälfte des 17. Jhs. erbaut. Massive Säulen, die gemäß der barocken illusionistischen Manier keine statische Funktion haben, beherrschen den Innenraum.

Von den zahlreichen anderen Kirchen der Stadt sollte zumindest die ehemalige **Dominikanerkirche ❻** in der ulica Dominikańska eines Besuchs gewürdigt werden. Trotz der barocken Umbauten besitzt das Gotteshaus ein schönes Backsteinportal aus dem 13. Jh. Es waren die Dominikaner, die das technische Know-how der Backsteinarchitektur aus Italien nach Polen brachten, noch bevor die deutsche Backsteingotik Triumphe in Pommern und im Ordensland Preußen feierte.

Adalbert-Kirche ❼ und * Dom ❽

Eine äußerlich unscheinbare Kirche lohnt einen etwas längeren Spaziergang: Die **Adalbert-Kirche** (kościół św. Wojciecha) erhebt sich auf einem Hügel und ist an ihrem hölzernen Glockenturm leicht zu erkennen. Ihre Bedeutung für die Posener besteht vor allem darin, dass hier viele berühmte Persön-

6

Seite 87

Das Nationalmuseum

Das Nationalmuseum beherbergt umfassende Sammlungen zu den Bereichen Völkerkunde, Stadtgeschichte und Kunsthandwerk; vor allem ist die Gemäldesammlung alter polnischer und westeuropäischer Meister sehenswert, die mit Werken von Ribera, Zurbarán, Bellini, Bronzino u. a. zu den besten in ganz Polen zählt.

lichkeiten bestattet wurden, da-runter Józef Wybicki (1747 bis 1822), der Schöpfer der polnischen Nationalhymne.

Nun überquert man die Warthe, um den **Dom** zu besichtigen. Auf der Dominsel (Ostrów Tumski), einem eigenen Stadtteil, der durch die fortwährende Verschmälerung des Flussarmes seinen Inselcharakter inzwischen verloren hat, drängen sich mehrere historische Bauwerke. Der Dom ist beinahe schon ein polnisches Nationalheiligtum, fand doch hier der Staatsgründer Mieszko I. seine letzte Ruhestätte. Sein symbolisches Grab sowie das seines Nachfolgers Bolesław I. Chrobry befinden sich in der *Goldenen Kapelle*, die im 19. Jh. im neobyzantinischen Stil gestaltet wurde. Ohnehin stellt der Dom ein einziges Puzzle von ottonischen, romanischen, gotischen, Renaissance-, barocken und klassizistischen Stilelementen dar.

Polnische Wurstwaren sind über die Landesgrenzen hinaus bekannt und beliebt

Tipp Nach so viel Kultur und Geschichte ist es höchste Zeit, auszuruhen. Es trifft sich daher gut, dass von dieser letzten Station der **jezioro Maltańskie ❾**, der Malteser-See, zu Fuß zu erreichen ist. Ein Biergarten sorgt dort für das leibliche Wohl!

Der Alte Markt in Poznań (Posen)

Seite 87

Tipp Im Touristenbüro erfragt man die Termine für die **Oper** (Teatr Wielki, ul. Fredry 9, ☎ 82 82 91), **Philharmonie** (ul. św. Marcina 81, ☎ 8 52 22 66), die renommierte **Ballettbühne** (Polski Teatr Tańca, ul. Kozia 4, ☎ 8 52 42 41) oder für den berühmtesten **Knabenchor** Polens, die „Posener Nachtigallen" (Słowiki Poznańskie).

 Informationen gibt es am Stazy Rynek 59, ☎ 061/8 52 61 56.

 Poznań, pl. W. Andezsa 1, ☎ 061/8 33 20 81, ☐ 8 33 29 61. Der zentral ge-

Goldene Kapelle im Dom von Poznań (Posen)

legene riesige Betonklotz verfügt über
hunderte von Zimmern, aber auch Au-
tovermietung, Reisebüro u. a. ⑤))
Park, ul. Majakowskiego 77,
☎ 061/8 79 40 81, 🖶 8 77 38 30. Das
modernste Hotel der Stadt, schön am
Malteser-See (3 km vom Stadtzentrum
entfernt) gelegen. ⑤))
△ **Strzeszynek,** ul. Koszalińska 15,
☎ 061/8 48 31 29. Am Ufer des jezioro
Strzeszyńskie gelegen.

 Hacjenda, ul. Morasko 38,
☎ 061/8 12 52 78. Am nörd-
lichen Stadtrand gelegen, auf
altpolnische Speisen spezialisiert. ⑤))
Adria, ul. Głogowska 1, ☎ 061/
8 65 83 74. Schon seit langer Zeit ein
Favorit der Messebesucher. ⑤)

Ausflüge

Statt sich von Posen gleich westwärts
zu wenden, sollte man einen Tagesaus-
flug in die südliche Umgebung machen.

Nach kurzer Zeit ist **Kórnik** (Kurnik;
8 000 Einw.) erreicht. Sie stoßen fast
zwangsläufig auf das am See gelegene
* *Schloss*, ein für polnische Verhältnis-
se junges Bauwerk. Es wurde erst Anfang des 18. Jhs. errichtet und in der
ersten Hälfte des 19. Jhs. im Stil der
englischen Neogotik unter Beteiligung
von K. F. Schinkel umgestaltet. Das
dem Schloss angefügte *Arboretum*
lässt britische Gartenbautraditionen erkennen. Die Sammlung exotischer Ge-
hölze wurde zu einem großzügigen Park
gestaltet. Die Kunstsammlung umfasst
Ritterrüstungen, orientalische Waffen
und wertvolles Kunsthandwerk.

In **Rogalin,** nur 13 km weiter, ließen
sich polnische Adlige ebenfalls einen
repräsentativen Herrensitz errichten.
Die * *Adelsresidenz* der Raczyński-Fa-
milie ist ein schönes Beispiel klassizistischen Bauens. Auch dieses Schloss
ist mit seiner interessanten *Uhren-
sammlung* für Besucher zugänglich.
Während sich die Herren auf Kórnik
vom englischen Gartengeschmack lei-
ten ließen, waren die zu Rogalin auf
den französischen Stil eingeschworen.

Drei Eichen

Im Schlosspark der Raczyński-Adels-
residenz stehen drei Eichen, die mit
ihren 800 Jahren zu den ältesten
und dicksten Europas zählen. Man
hat ihnen die Namen der drei slawi-
schen Stammesbrüder Lech, Czech
und Rus gegeben. An Czech zeigen
sich trotz aller baumchirurgischen
Bemühungen allerdings nur noch
wenige Blätter.

Zur Grenze

Świebodzin (Schwiebus), von Posen
112 km, liegt schon in der ehemaligen
Neumark. Wer den besonderen Reiz
dieser Region kennenlernen will, der
besuche **Łagów** (Lagow, 6 000 Einw.),
468 km. Schon die herrliche Lage dieser klassischen Sommerfrische zwischen dem Lagower- (jez. Łagowskie)
und dem Tschesch-See (jez. Ciecz)
macht den Ort zu einem beliebten Feri-
enziel. Bereits von weitem grüßt der
Turm der *Johanniterburg* (14. Jh.).

 In einem Teil der Burganlage
von Łagów ist heute ein kleines Hotel untergebracht (☎
068/3 41 20 21). ⑤
△ ul. Łazienkowska 30.

Von Łagów aus ist man in wenigen Au-
tominuten wieder auf der E 30 und
wird sich einreihen müssen in die Ka-
rawane der Touristen und „Handelsrei-
senden" aus allen Ländern östlich des
ehemaligen Eisernen Vorhangs: So
manch verwegen aussehendes Fahrzeug ist hier unterwegs.

 Am Straßenrand bieten Spalier
stehende Händler Schnäpp-
chen an: amerikanische Zigaretten, bunte Gartenzwerge aus polnischer Produktion oder der Jahreszeit
entsprechend Pilze, Spargel oder Obst.

Am Grenzübergang Świecko – Frank-
furt/Oder, 522 km, wartet der Zöllner
auf Sie . . .

Praktische Hinweise von A–Z

Ärztliche Versorgung

Auch in entlegenen Gebieten des Landes ist eine Polyklinik oder ein Privatarzt zu finden, die im Notfall medizinische Hilfe leisten. Zu beachten ist allerdings, dass sämtliche Rechnungen an Ort und Stelle beglichen werden müssen. Trotz bestehendem Sozialversicherungsabkommen ersetzen die deutschen gesetzlichen Krankenkassen nur sehr eingeschränkt die entstandenen Kosten. Der Abschluss einer privaten Reisekrankenversicherung ist dementsprechend dringend anzuraten.

Immer noch ist in den Apotheken ein großes Angebot an subventionierten Grundarzneimitteln vorrätig, die zu extrem niedrigen Preisen angeboten werden. Leider sind die meisten Spezialmedikamente auch heute meist nicht auf Lager und müssen zeitaufwändig bestellt werden. Wer also auf bestimmte Medikamente angewiesen ist, sollte diese unbedingt in ausreichender Menge mit auf die Reise nehmen.

Behinderte

Rollstuhlfahrer haben es in Polen leider immer noch schwer. Nur wenige öffentliche Gebäude und fast keine Verkehrsmittel sind behindertengerecht ausgestattet. Man bemüht sich aber um Abhilfe; viele der neuen Luxushotels haben entsprechende Einrichtungen.

Devisenbestimmungen

Offiziell ist die Ein- oder Ausfuhr von Złoty immer noch verboten. Alle fremden Währungen hingegen dürfen ohne Einschränkung ein- und ausgeführt werden. Theoretisch müssen die Devisen bei der Ein- und Ausreise deklariert werden, in der Praxis aber wird dies heute nicht mehr verlangt.

Diplomatische Vertretungen

Botschaften und Konsulate in Deutschland:
Botschaft der Republik Polen, Konsularabteilung, Leyboldstr. 74, 50968 Köln, ☏ 02 21/93 73 00, 🖷 38 25 35. Außenstelle der Botschaft der Republik Polen, Konsularabteilung, Unter den Linden 72, 10117 Berlin, ☏ 030/2 20 24 51, 🖷 2 29 15 77. Konsulate: 04155 Leipzig, Poetenweg 51, ☏ 03 41/5 85 27 63, 🖷 5 85 21 30; 81675 München, Ismaninger Str. 62a, ☏ 089/41 86 08–0, 🖷 47 13 18; 22309 Hamburg, Gründgens-Str. 20, ☏ 040/6 31 11 81, 🖷 6 32 50 30.

In Österreich:
Botschaft der Republik Polen mit Konsularabteilung, Hietzinger Hauptstraße 42c, 1130 Wien, ☏ 01/8 77 74 44, 🖷 8 77 74-222.

In der Schweiz:
Botschaft der Republik Polen mit Konsularabteilung, Elfenstraße 20a, 3006 Bern, ☏ 031/3 52 04 52, 🖷 3 53 34 16. Konsulat, Singlistr. 17, 8049 Zürich, ☏ 01/3 41 42 33.

Deutsche Botschaften und Konsulate in Polen:
Botschaft: 03 932 Warszawa-Saska Kępa (Warschau), ul. Dąbrowiecka 30, ☏ 022/6 17 30 11, 🖷 6 17 35 82. Generalkonsulate: 80 219 Gdańsk-Wrzeszcz (Danzig), al. Zwycięstwa 23, ☏ 058/3 41 43 66; 71 693 Szczecin (Stettin), ul. Królowej Korony Polskiej 31, ☏ 091/4 22 52 12; 31 043 Kraków (Krakau), ul. Stolarska 7, ☏ 012/4 21 84 73; 45 084 Opole (Oppeln), ul. Strzelców Bytomskich 11, ☏ 077/4 53 17 94; 50 449 Wrocław (Breslau), ul. Podwale 76, ☏ 071/3 42 41 22.

Österreichische Botschaft in Polen:
ul. Gagarina 34, 00 540 Warszawa, ☏ 022/41 00 81.

Schweizer Botschaft in Polen: al. Ujazdowskie 27, 00 540 Warszawa, ☏ 022/28 04 81.

Einreise und Ausreise

Für Bürger der Bundesrepublik, Österreichs und der Schweiz ist die Einreise nach Polen und ein Aufenthalt von maximal drei Monaten ohne Visum möglich. Bei der Einreise müssen sie lediglich einen noch mindestens sechs Monate gültigen Reisepass vorweisen.

Elektrizität

Die Netzspannung beträgt 220 Volt. Die Steckdosen entsprechen der Euro-Norm.

Feiertage

3. Mai (Tag der Verfassungsgebung von 1791), der Neujahrstag, der Ostermontag, der 1. Mai, Fronleichnam, Mariä Himmelfahrt (15. August), Allerheiligen (1. November) sowie die beiden Weihnachtstage (25., 26. Dez.). Karfreitag und Pfingstmontag sind keine gesetzlichen Feiertage.

Der an die Gründung des kommunistischen Polens erinnernde 22. Juli wurde als Nationalfeiertag abgeschafft, der 11. November, der Wiedererstehung des polnischen Staates im November 1918 gedenkt, dafür eingeführt.

Fotografieren

Film- und Fotomaterial der bekannten Marken ist zu Preisen erhältlich, die denjenigen in Deutschland entsprechen. In größeren Städten wurden Schnellentwicklungslabors eingerichtet, in denen man seine Urlaubsbilder innerhalb einer Stunde entwickelt hat.

Geld und Währung

Bis 1994 galten in Polen zwei Währungen: die alten Złoty und die neuen Złoty. Mit Stichtag 1. Januar 1995 wurde endlich die lang angekündigte Währungsumstellung durchgeführt. Bei den neuen Banknoten wurden die letzten vier Nullen gestrichen. Inzwischen sind die alten Banknoten nicht mehr im Umlauf. Wer jedoch noch alte Scheine hat, kann sie in allen Banken gegen neue tauschen. Der neue Złoty entspricht 0,50 DM, für 1 DM erhält man also 2 Złoty (Stand 1998).

Den günstigsten Kurs bekommt man für DM-Noten in Polen selbst. Ein Schwarzer Markt existiert dank der Freigabe des Devisenhandels nicht mehr. Einige der alten Schwarzhändler haben sich jedoch umgestellt: Wenn Ihnen auf der Straße ein besonders günstiger Wechselkurs angeboten wird, handelt es sich immer um Betrug. Die „Geldwechsler“ zahlen mit falschen Złoty-Noten oder verwandeln mit Hilfe von Taschenspielertricks große Scheine in kleine wertlose.

Der offizielle Umtausch bereitet keinerlei Probleme. Neben Banken wurden zahlreiche private Wechselstuben („Kantor“) eröffnet. Euroschecks, die immer in DM ausgestellt sein müssen, werden nur von den wenigsten Wechselstuben akzeptiert. Reiseschecks lassen sich bei größeren Banken einlösen. Kreditkarten sind noch nicht überall verbreitet, sie werden aber von allen großen Hotels, Fluggesellschaften, Autovermietungen, zunehmend auch von Luxusrestaurants und -geschäften angenommen.

Haustiere

Neben der Vorlage einer amtstierärztlichen Gesundheitsbescheinigung ist eine gültige Tollwutimpfung nachzuweisen.

Information

 In den meisten Orten wird man eine Touristeninformation finden, die mit dem Zeichen „it“ gekennzeichnet ist. Die Auskunftsstellen werden meist von den lokalen „Orbis“-Büros und der Staatlichen Gesellschaft für Tourismus und Landeskunde (PTTK) unterhalten. Auch an den „it“-Schaltern in den großen

Hotels kann man sich umfassend informieren.

Wer sich schon vor der Reise informieren möchte, wende sich an das

Polnisches Fremdenverkehrsamt, Marburgerstr. 1, 10789 Berlin, ☎ 030/2 10 09 20, 🖷 21 00 92 14.

„Polorbis", der inzwischen privatisierte Spezialreiseveranstalter für Polen, hat Büros in 50672 Köln (Hohenzollernring 99–101, ☎ 02 21/95 15 34, -20, -30, -40, 🖷 52 82 77) und in 10242 Berlin (Warschauer Str. 5, ☎ 030/2 94 13 95).

Spezialist ist auch der Polen-Reisedienst (Sesenheimer Str. 16, 10627 Berlin, ☎ 030/2 94 13 95, 🖷 3 12 61 49).

Kriminalität

Leider steht Polen immer noch in dem Ruf, eine Hochburg der Kriminalität zu sein. Wie die Statistik beweist, nicht ganz zu Unrecht. Im Zuge der gesellschaftlichen Umwälzungen, dem Verfall traditioneller Werte und dem chaotischen Zustand innerhalb der aus der verhassten Miliz hervorgegangenen Polizei kam es Anfang der neunziger Jahre tatsächlich zu einem explosionsartigen Anstieg der Verbrechen.

In den ländlichen Gebieten hat die Kriminalität glücklicherweise nicht die Ausmaße wie in den Großstädten erreicht. Zu Ihrem Trost: Wenn Diebstähle auch häufig vorkommen, so ist die Chance, tätlich angegriffen zu werden, immer noch gering.

Dennoch empfiehlt es sich auch hier, ein wachsames Auge auf sein Hab und Gut zu haben. Dies gilt vor allem für Autofahrer (s. S. 25).

Der Abschluss einer Reisegepäckversicherung kann nicht schaden.

Notruf

Landesweit sind folgende Notrufnummern gültig:

Polizei: ☎ 997
Feuerwehr: ☎ 998
Rettungsdienst: ☎ 999

Öffnungszeiten

Die Öffnungszeiten der Läden, Behörden und Museen schwanken sehr und ändern sich ständig. Generell kann gesagt werden: Je größer der Ort und je gewinnorientierter die Einrichtung, desto länger die Öffnungszeiten. So gibt es in jeder größeren Stadt mindestens einen Lebensmittelladen, der rund um die Uhr geöffnet hat.

Die privaten Wechselstuben haben bis 18 bzw. 19 Uhr geöffnet, die Wechselschalter der Banken inzwischen ebenfalls meistens bis 17 Uhr.

Restaurants öffnen in der Regel am frühen Nachmittag und schließen gegen 22 Uhr.

Museen sind meist montags geschlossen (einige auch dienstags). Außerhalb der Sommersaison (1.10.–31.4.) schließen die Museen generell früher. Man sollte versuchen, sich vorher bei einem „it", dem touristischen Informationspunkt, nach den Öffnungszeiten zu erkundigen.

Behörden arbeiten unterschiedlich lang, Sprechzeiten sind aber generell nur vormittags.

Post

Das polnische Post- und Fernmeldewesen lässt trotz spürbarer Verbesserungen immer noch zu wünschen übrig. Briefe und Karten von Polen nach Deutschland benötigen bis zu sieben Tagen. Normalerweise sind die Briefkästen rot, die grünen Kästen dienen nur dem lokalen Briefverkehr, während die blauen für Luftpostsendungen bestimmt sind.

Briefmarken werden in Postämtern, die meist von 8–20 Uhr geöffnet haben, verkauft, seltener in Hotels, die viele ausländische Gäste haben (dann bei den Postkartenkiosken).

Ins Ausland ist das Porto für eine Postkarte 0,90 ZT, für einen Brief 1,20 ZT; innerhalb Polens für eine Postkarte 0,55 ZT, für einen Brief (bis 20 g) 0,65 ZT.

Souvenirs

Welche Souvenirs man von einem Polenbesuch mitbringt, wird in erster Linie davon abhängen, in welcher Region man Urlaub macht. An der Ostseeküste etwa ist roh belassener oder zu Schmuckstücken verarbeiteter Bernstein das mit Abstand beliebteste Mitbringsel, im Riesengebirge dagegen ist es Bleikristall.

Auch moderne Kunst und Erzeugnisse der traditionellen Volkskunst (Holzschnitzereien, gestickte Deckchen, Keramiken) sind ein hübsches Geschenk oder Erinnerungsstück. Volkskunst von guter Qualität bekommt man in den „Cepelia"-Läden (z. B. Altstadtmarkt in Warschau).

Beim Kauf auf den Märkten lohnt es immer, Preise zu vergleichen und zu handeln. Auf den zahlreichen Flohmärkten kann der Liebhaber nostalgischer oder ausgefallener Stücke noch so manches Schnäppchen machen.

Übrigens darf man offiziell keine Objekte, die vor 1945 entstanden sind, ohne Erlaubnis des Denkmalschutzamtes ausführen.

Telefon

Die meisten öffentlichen Telefonzellen sind jetzt mit Kartentelefonen ausgerüstet. Telefonkarten kann man bei Postämtern kaufen; die perforierte Ecke müssen Sie abbrechen, bevor Sie die Karte benutzen.

Es gibt immer noch Ortschaften, von denen man ein Gespräch nach Deutschland nicht direkt führen kann, sondern anmelden muss. Auch bei Gesprächen nach Polen bestehen manchmal Schwierigkeiten, einen Anschluss zu bekommen.

Internationale Vorwahlen:

Deutschland: 00 49, Österreich: 00 43, Schweiz: 00 41, Polen: 00 48).

Trinkgeld

Die Preise in Restaurants beinhalten ein Bedienungsgeld. Doch selbstverständlich wird ein Trinkgeld hier wie auch in allen anderen Branchen als Anerkennung für einen guten Service gern genommen.

Zeitungen

Deutsche Zeitungen sind in den Feriengebieten meist mit zwei Tagen Verspätung an den Pressenständen der großen Hotels erhältlich. In Warschau ist man schneller informiert; die „Süddeutsche Zeitung" etwa liegt bereits am Nachmittag des Erscheinungstages an den internationalen Zeitungsständen aus. Nicht nur in der Hauptstadt, sondern auch in allen Touristenzentren bekommt man die englischsprachige Wochenzeitung „Warsaw Voice". Diese wendet sich speziell an ausländische Besucher und enthält zahlreiche aktuelle Touristentipps. An ein eher politisch interessiertes Publikum richtet sich der ebenfalls in englischer Sprache erscheinende „Insider"; er besteht im Wesentlichen aus übersetzten Artikeln der „Gazeta Wyborcza".

Zollbestimmungen

Nach Polen darf man alle Gegenstände des persönlichen Gebrauchs und auch Geschenke unbeschränkt einführen, sofern die Menge nicht darauf schließen lässt, dass sie zu Handelszwecken bestimmt sind.

Für die Wiedereinreise ins Heimatland gelten die EU-Bestimmungen. So dürfen Reisende über 18 Jahre 200 Zigaretten, 1 l hochprozentigen Alkohol oder 21 Wein mitnehmen. Außerdem sind pro Person 50 ml Parfum oder 250 ml Eau de Toilette, 500 g Kaffee und andere Waren bis zu einem Wert von 115 DM erlaubt.

Register

REGISTER

Personenregister